Items should be returned on or before the last date shown below. Items not already requested by other borrowers may be renewed in person, in writing or by telephone. To renew, please quote the number on the barcode label. To renew online a PIN is required. This can be requested at your local library.

Renew online @ **www.dublincitypubliclibraries.ie**

Fines charged for overdue items will include postage incurred in recovery. Damage to or loss of items will be charged to the borrower.

Leabharlanna Poiblí Chathair Bhaile Átha Cliath
Dublin City Public Libraries

Dublin City
Baile Átha Cliath

Coolock   77701

Date Due	Date Due	Date Due
22. OCT 13	0 9 SEP 2014	
	23 OCT 2014	

Tá *Leabhair*COMHAR faoi chomaoin ag
Clár na Leabhar Gaeilge (Foras na Gaeilge)
An Chomhairle Ealaíon

as tacaíocht airgid a chur ar fáil le haghaidh fhoilsiú an leabhair seo.

An chéad chló © 2012 Ciarán Ó Coigligh
ISBN: 978-0-9557217-1-7
Foilsithe ag *Leabhair*COMHAR
(inphrionta de COMHAR Teoranta,
5 Rae Mhuirfean, Baile Átha Cliath 2)
www.leabhaircomhar.com

Clúdach agus Dearadh: Graftrónaic
Grianghraif: Eoin Mac Lochlainn
Clódóirí: Brunswick Press
Eagarthóir Comhairleach: Eilís Ní Mhearraí

Do Bheití Mhic Amhlaoibh, baintreach,
agus dá Fear, Breandán

LEIS AN ÚDAR CÉANNA

Filíocht Ghaeilge Phádraig Mhic Phiarais (1981)
Caitlín Maude: Dánta (1984)
Noda (1984)
An Ghaeilge i mBaile Átha Cliath (1984)
Doineann agus Uair Bhreá (1985)
Cuisle na hÉigse (1986)
Raiftearaí: Amhráin agus Dánta (1987)
An Fhilíocht Chomhaimseartha (1987)
Broken English *agus Dánta Eile* (1987)
Mangarae Aistí Litríochta agus Teanga (1987)
Caitlín Maude: Drámaíocht agus Prós (1988)
An Odaisé (1990)
Seanchas Inis Meáin (1990)
An Troigh ar an Tairne agus Scéalta Eile (1991)
Duibhlinn (1991)
Cion (1991)
Vailintín (1991)

An Fhealsúnacht agus an tSíceolaíocht (1992)

Cín Lae 1994 (1995)

Tomás Bán Ó Concheanainn (1996)

An Choiméide Dhiaga (1997)

Slán le Luimneach (1998)

Léarscáil Inis Meáin (2003)

Cúram File: Clann, Comhluadar, Creideamh (2004)

Ag Réiteach le hAghaidh Faoistine (2005)

Caitlín Maude: Dánta, Drámaíocht, agus Prós (2005)

Aiséirí Requiem (2006)

Odaisé Ghael-Mheiriceánach (2007)

Zein na Gaeilge: Hadhcúnna (2009)

The Poetry of Running Filíocht an Reatha (2009)

An Irish-American Dream (2010)

Dánta Eoin Pól II (2010)

The Heritage of John Paul II (2011)

CLÁR

ÍOMHÁNNA

BUÍOCHAS

Tá an file faoi chomaoin mhór ag Eilís Ní Mhearraí, Liam
Mac Amhlaigh, foireann *Leabhair*COMHAR trí chéile, na
heagarthóirí, an dearthóir, na clódóirí, Eoin Mac Lochlainn,
Séamas de Barra, Gearóid Denvir agus go deimhin gach uile
dhuine a thug ugach dó riamh sa saol. Go bhfága Dia an
tsláinte acu uile.

RÉAMHRÁ LE GEARÓID DENVIR

File Caitliceach Gaelach é Ciarán Ó Coigligh. Fianaise atá ina shaothar ar an gcreideamh domhain, machnamhach, fíréanta is bradán beatha dó i chuile ghné dá shaol. Murab ionann is a úrscéal luath, *Duibhlinn* (1991), a rianaíos 'oíchedhán i bhfilíocht na feola' ('Rith chun scátha agus thairis', *Noda*, 30) agus 'alltar na hóige ar fán' ('Speabhraoidí', *Doineann agus Uair Bhreá*, 41), is léar fiú ón gcéad chnuasach *Noda*, a foilsíodh in 1984, ach a bhfuil dánta ann a cumadh ó lár na 1970í, gurb é cúram agus feidhm na filíochta i gcaitheamh an tsaothair an t-aistear saoil a chur faoi chuing an fhocail, sa gciall liteartha agus reiligiúnach araon. Labhrann an reacaire sna dánta luatha, agus go deimhin sa saothar fré chéile ó shin, le guth fíréanta creidimh atá daingean go maith, fiú má admhaítear go minic go dtiteann an duine cóir seacht n-uaire sa ló.

Tuairisc ar oilithreacht saoil atá i bhfilíocht Uí Choigligh, ach murab ionann is príomhfhile reiligiúnach na Gaeilge sa 20ú haois, b'fhéidir, Seán Ó Ríordáin, a raibh a aigne cromtha le ceisteanna le linn a oilithreachta féin fána anam, ceiliúradh ar chinnteacht freagraí seachas ar mhearbhall ceisteanna atá i saothar fileata Uí Choigligh. Fearacht duine dá mhórlaochra a chomóras sé i ndán molta, an Cairdinéal Tomás Ó Fiaich, nach aon 'Tomás an Amhrais' é dar leis an bhfile (*Broken English agus Dánta Eile*, 45), scaipeann 'Gile an chreidimh go síoraí / trí bhrat truamhéalach ár n-amhrais' ('In Memoriam Mháirín Ní Mhurchadha', *Cion*, 13) agus cuireann ar chumas an fhile forógra fíréanta a chur i láthair gan fuacht ná faitíos trí mheán a dháin 'ag dearbhú is ag cosaint na córa':

> Freagród ceist gan aird ar sháiteoga is míneod
> go fada foighdeach

Le súil go scairte an Ghrian fhíor go buacach
    gléigeal soilseach.

('3 Lúnasa', *Cín Lae 1994*, 43)

Ní hamháin go dtugann sé *Oilithreacht* ar an gcnuasach filíochta is deireanaí uaidh, ach tá íomhá sin na hoilithreachta ag sníomh tríd an saothar ar fad. 'Oilithreacht aoibhinn ár dtaistil / ar bhóithríní clochacha' atá sa saol dar leis in 'Na Craga Fliucha' (*Doineann agus Uair Bhreá*, 28) agus an duine 'ar thóir na foirfeachta / ar thóir an iomláin chéasta' ('Tóir', *Doineann agus Uair Bhreá*, 41) le linn an aistir. Ní bhíonn réidh an achair leis an duine i gcónaí, áfach, agus ó thráth go chéile 'titeann mo theanga / chun bailbhe / ar oilithreacht urlabhra ('Turas Tuathail', *Broken English agus Dánta Eile*, 64). Sin mar a tharlaíos ar oilithreacht chuig Cnoc Mhuire a ndéantar cur síos uirthi sa dán luath 'Oilithreacht' (*Cion*, 22-4). Ainneoin na bpaidreacha a deirtear sa mbus ar an mbealach siar, agus ainneoin na Rúndiamhra Sólásacha a bheith á bhfógairt, tá féar gortach ar an áit agus ar an lá i ngeall ar 'shaintsúile an Chnoic' agus fógraítear na hoilithrigh as 'sanctóir na Naomh-Shacraiminte'.

Ní mar sin a bhíos go hiondúil, áfach, agus go háirithe sa dá dhán fhada fhuinte nua in *Oilithreacht*, 'Iosrael: An Talamh Naofa' agus 'An Dara hAistear don Talamh Naofa', áit a gcorraíonn an creideamh é:

Scairteann grian an earraigh ar mhionmhíorúiltí
    na cruinne cé
Is altaím teacht aniar an duine faoi choimirce Dé
    agus Mhuire.
Seachnaím duairceas is féachaim feasta ar an taobh is gile.

('An Dara hAistear don Talamh Naofa',
Oilithreacht, 84)

Mar íocshláinte in aghaidh 'aimride dhearóil ár ré' ('3 Iúil', *Cín Lae 1994*, 22), santaíonn sé an ní atá buan, leanúnach, an 'ga nach dán dó fuaradh ná imeacht as' ('Grian gheimhridh', *Noda*, 50), an fhírinne oibiachtúil sin a mhúineas treoir agus a shaníos teorainneacha na beatha don duine.

Tacaíonn an file go láidir ar an ábhar sin leis an Eaglais institiúideach agus tugann sé ómós do phearsana móra eaglasta, go mór mór iad siúd a chloíos leis an traidisiún ceartchreidmheach Caitliceach. 'Ardfhear' a thugas sé ar Chaoimhín Mac Conmara, Ardeaspag Átha Cliath i ndán caointe (*Broken English agus Dánta Eile*, 26); chum sé dán molta in ómós do Desmond Connell nuair a insealbhaíodh ina chairdinéal é in 2001 (*Cúram File: Clann, Comhluadar, Creideamh*, 42-3); agus 'príomháidh, file agus fear tairngre' a thugas sé ar an gCairdinéal Tomás Ó Fiaich i ndán molta ag ceiliúradh cuairte a thug sé ar Inis Meáin (*Broken English agus Dánta Eile*, 45). Laochra móra dá chuid freisin an Pápa reatha Beinidict XVI, agus Eoin Pól II, ar aistrigh sé a shaothar fileata go Gaeilge, *Dánta Eoin Pól II* (2010).

Seasann Ó Coigligh go láidir freisin ina shaothar le dearcadh agus leagan amach na hEaglaise Caitlicí maidir le cuid de na ceisteanna conspóideacha "sóisialta" nó "morálta" a bhíos i mbéal an phobail, i ndánta mar 'Colscaradh' (*Broken English agus Dánta Eile*, 70) agus 'Toradh' (*Noda*, 53), dán gearr a chuireas in éadan an ghinmhillte. Ní chuireann sé fiacail ann i gcásanna den chineál seo: caithfear an cath cóir a chur, agus moltar an té a thógas an seasamh 'ceart' sna cúrsaí seo, leithéid an fhir gan ainm a chomórtar i bhfeartlaoi dialainne mar 'throdaí síor ar son na mbeo sa mbroinn le grá ar fiuchadh' ('16 Aibreán', *Cín Lae 1994*, 22). Tagann an dearcadh seo ar an saol le teagasc Josemaría Escrivá de Balaguer, an sagart Spáinneach a bhunaigh Opus Dei, a dtagraíonn an file dó féin, dá theagasc agus dá eagraíocht ó thráth go chéile sa saothar mar lóchrann soilseach fírinne. D'áiteodh daoine áirithe, gan dabht, go bhfuil traidisiúnaíochas agus seansaolachas áirithe ag roinnt leis an leagan amach seo ar an saol, cuir i gcás nuair a meabhraítear do lánúin nuaphósta trí thagairt idirthéacsúil don seanamhrán 'Eileanór na Rún' gur cheart go mbeadh gean acu ar a chéile 'chúns mhairfeas muid beo' ('Paidir na Lánúine Pósta', *Broken English agus Dánta Eile*, 37) agus nuair a tagraítear don bhean chéile, más go spraíúil aerach féin é, in 'Caoifeach' (*Broken English agus Dánta Eile*, 43) mar 'bonsach' agus 'nuachar'. Barr ar an méid sin, is beag duine inniu, b'fhéidir, ní áirím file, a mbeadh sé de mhisneach aige ról idéalach na mná sa tsochaí a shainiú mar bhuime:

Is tuigeann muide go mba thusa an duine ba ghaire
   do Mhuire a ghlac leis an gcuireadh
Freastal is fónamh do Dhia i gcáilíocht buime.

('Cuimhneamh Míosa',
Cúram File: Clann, Comhluadar, Creideamh, 16)

Ní haon ábhar iontais é, mar sin, sa gcomhthéacs seo gur airigh sé 'ag baile i measc na nGiúdach ceartchreidmheach' ('Iosrael: An Talamh Naofa', *Oilithreacht*, 76) le linn a chéad oilithreachta sa Talamh Naofa.

Reictear an scéal seo i ndioscúrsa lán-chomhfhiosach caomhantach a shamhlófaí le hÉirinn Ghaelach na hAthbheochana nó le hÉirinn nua shaor na tréimhse ó bhunú an stáit anuas go dtí na 1960í, agus seo an dioscúrsa céanna, cuid mhaith, atá coitianta i measc na nuathraidisiúnaithe bunúsaíocha Críostaí anois, ní hamháin in Éirinn ach go hidirnáisiúnta. Murab ionann, áfach, is reitric riar áirithe de na gluaiseachtaí coimeádacha reiligiúnacha agus polaitiúla in Éirinn agus ar fud an domhain anois, tá guth séimh, duineata, le haireachtáil i gcónaí i bhfilíocht Uí Choigligh, guth atá fréamhaithe i dtaithí phearsanta saoil ina bhfuil an reacaire istigh leis féin ina chraiceann féin idir a shaol pearsanta ar leic an teallaigh agus a shaol poiblí/pobail araon, guth a chothaíos 'grá meas is dáimh / is bíodh ag cneastacht báire' ('Paidir an Phróiseálaí Focal', *Broken English agus Dánta Eile*, 9) agus 'a fhadaíos an spré dhaonna / in ainneoin gach tubaiste' ('Máirtín Sheáin Pheaidí', *Cion*, 40).

Ina theannta sin, ainneoin an traidisiúnaíochais choimeádaigh agus an tsíorómóis do chreideamh cóir na cléire, mar a thugadh filí Gaeilge na seanaimsire air, tá creideamh beo pearsanta an fhile ina lóchrann fírinneach, ionraic agus soilseach ar fud na mball. Feictear é seo, mar shampla, sa gcomhairle chríonna a chuireas sé ar dhaoine eile go rialta sna dánta, comhairle a neadaítear ina shaoltaithí féin i gcónaí. Feictear freisin é ó dhán go dán sa nguí a fitear go rialta trí bhréidín dánta, sa miúin rialta le linn deasghnáthaíochta, nó in agaí sacraimintiúla, nó ag tráthanna éagsúla den bhliain liotúirgeach, agus i gcóras pearsantaithe meafarachta nó i ndioscúrsa na filíochta féin trína dtéann an file i ngleic leis an gcruinne ina thimpeall. Sin mar atá, mar shampla, sa dán nua 'Iób Ó Rudaí' sa gcnuasach seo, *Oilithreacht* (73), agus an file i mbun miúine agus guí ó lá go lá le linn na Seachtaine Móire. Gluaiseann an dán ó oíche dhorcha an anama i dtús na seachtaine agus an file faoi spéir dhorcha 'i dteannta ag laige shinseartha' na beatha duthaine chuig ceiliúradh eocairisteach agus cneasú créachta

Dhomhnach Cásca. Fearacht fhilíocht thraidisiúnta chráifeach na Gaeilge, go mór mór san 18ú agus sa 19ú haois, déantar an reacaireacht agus an láithriú go hiondúil sna dánta seo le roiseadh mothúchánach áititheach, le carnadh focal a shruthlaíos trí na dánta, seachas le hargóinteacht loighciúil, réasúnaíoch, dhiagach.

Ina dhiaidh sin féin, áfach, tá cráifeachas impriseanaíoch liriciúil, mar is dual don mheán, agus mar a faightear chomh maith i bhfilíocht chráifeach na Sean-Ghaeilge, le fáil sna hadhcúnna aige, go mór mór sa gcnuasach *Zein na Gaeilge: Hadhcúnna*. Splancanna solais, léargais agus tuisceana atá iontu seo a fheidhmíos ar leibhéal na braistinte agus na léirstine instinniúla seachas ar leibhéal an áitimh, na réasúnaíochta nó na tuisceana intleachtúla, agus níor mhiste a áiteamh go dtarraingíonn siad ar thraidisiúin eile seachas an Chríostaíocht amháin, agus go mór mór ar léargais de chuid an Bhúdachais.

Rud eile de, ní creideamh institiúidithe eaglasta amháin atá i bhfilíocht Uí Choigligh, ná creideamh Domhnaigh ach an oiread, ach cuid bhunúsach de ghnáthshaol pearsanta, clainne agus pobail an fhile ó lá go lá. Déantar cur síos sna dánta ar dheasghnáthaíocht leanúnach phearsanta an té a chreideas go fírinneach agus a chleachtas dá réir. Tráchtar ar ócáidí agus ar shearmanais a bhaineas le cleachtadh poiblí oifigiúil an chreidimh – freastal Aifrinn, baisteadh páistí, bainiseacha, sochraidí, glacadh na Sacraimintí (go mór mór i gcás a chlainne féin) mar cheiliúradh cráifeach ar mhórimeachtaí a mhuintire agus a chairde. Ina theannta sin, fitear an phaidreoireacht agus an mhiúin Chríostaí tríd an saol ar fad ar bhealach comhtháite a thugas le fios nach ann d'aon déscaradh idir an toise shacráilte, reiligiúnach agus an toise dhaonnachtach, thuata i gcruinneshamhail an fhile. Feictear é i mbun miúine in imeacht an tsaoil laethúil ina shaol baile agus clainne, ina shaol oibre, agus ina shaol i measc an phobail mhóir amuigh. Is geall le sainiú ar an bpaidir Ríordánach na dántagairtí don halla léachta, don fhreastal leanúnach ar chruinnithe de chuid na cúise, do mhioneachtraí teaghlaigh. Díol suntais ar leith a chur síos ar aibhse an reathaí, an *runner's high*, i dtéarmaí reiligiúnacha na heacstaise a mheabhródh scríbhinní Naomh Treasa nó na misteach meánaoiseach:

> Is í an eacstais cúiteamh an reatha –
> Rithim aeistéitiúil ghrástúil, tuiscint ar áilleacht
> Ag guairdeall ar chuspa an tsárchéimnithe.
>
> ('Club Aclaíochta na Seamróige, Rath Eanaigh',
> *Filíocht an Reatha*, 55)

Is é Íosa 'An tAncaire a mhúin / an mhaith / a chleacht an mhaith / agus a céasadh' ('An Eitilt Dheireanach', *Doineann agus Uair Bhreá*, 15) san allagar ar fad. Labhrann an file faoi agus leis an Slánaitheoir i nguth umhal na géillsine agus fógraíonn gur ina ucht seisean atá tearmann le fáil ag an duine, go mór mór nuair is dorcha duibheagánaí an oíche ('A Íosa', *Broken English agus Dánta Eile*, 59). Dearbhaíonn sé gur bronntanas ó Dhia nó 'tabhairt go bunúsach is ea an bheannaíocht' ('Club Aclaíochta na Seamróige, Rath Eanaigh', *Filíocht an Reatha*, 55) agus tugann sé dá réir sin léim an chreidimh lena shaorthoil féin do Chríost agus dá theagasc, mar is léar ar a dhearbhú le linn oilithreachta sa Talamh Naofa:

> Siod é an áit ar mhúin Críost gurbh é a dhán an Chros.
> Go dtoilímid anseo gurb é an Críost céanna ár ndán-na.
>
> ('Iosrael: An Talamh Naofa', *Oilithreacht*, 76)

Maireann an duine ar shlí na bréige sa saol duthain agus é ag gabháil 'Róidín Dólásach na Bréige' ('Micil Sheáin Bhidí', *Cion*, 43) 'faoi ualach céadach daonnachta smálaithe' ('Oilithreacht', *Cion*, 23) i 'ndrúisbhaile mire … faoi scáil fhaiteach na haoise seo' ('Miserere', *Doineann agus Uair Bhreá*, 8) agus i 'seisce saoltachta nach eol di fós ach luach seic' ('17 Márta', *Cín Lae 1994*, 16). Ní hamháin sin, ach i dtéarmaí a mheabhródh filíocht Uí Ríordáin, deir an file go bhfuil 'peaca ar anam an tsaoil' ('Domhnach na nDeor', *Doineann agus Uair Bhreá*, 13), an saol céanna sin inarb í 'an ainbhrí an chiall' ('An Eitilt Dheireanach', *Doineann agus Uair Bhreá*, 15). Tá mar a bheadh gorta spioraid ar an gcine daonna, an dream 'ar gearradh / orainn / gad imleacáin / na gcianta / is an tsinsir' (Dearbhú', *Noda*, 24), agus níl de leigheas ag an bhfíréan ar mian leis an bheatha shuthain a bhaint amach ach 'an fód a sheasamh in ainneoin an tsaoil' ('Club Aclaíochta na Seamróige, Rath Eanaigh', *Filíocht an Reatha*, 55) agus conair an chreidimh a leanacht:

> Lastar coinneal an Aiséirí, diúltaím do Shátan
>   is dearbhaím Cré
> Na cille uilí is tugaim ómós is adhradh cóir
>   d'aitheanta Dé
> Is leánn an t-olc féin in umhlú faoistine is fadaítear spré
> Theolaí dhóchais, dhúchais is dhínite a ghealas as láimh
> dubh na ré.

> ('2 Aibreán', *Cín Lae 1994*, 19)

Má dhéanann an duine an gníomh creidimh seo, sáróidh sé oícheanta dorcha an anama nuair 'is cúnamh ar éigean / paidir' ('Céadaoin an Chéasta', *Doineann agus Uair Bhreá*, 42) le linn chúrsa an tsaoil, tiocfaidh sé tríd an staid dhonaithe is dual don duine ar an saol seo, agus bainfidh sé amach luach saothair an fhíréin sa saol eile atá laistiar den dreo:

> Cuirfead díom mo chuid peiríocha
> i bPurgadóir an tsiúil,
> in Ifreann na scíthe
> nó go sroiche mé geataí na bhFlaitheas
> de rite reaite.

('Gortú', Oilithreacht, 68)

Seo an chinniúint 'is dual is is dúchas do Chríostaí síoraí seasta' ('Aodán', *Cúram File: Clann, Comhluadar, Creideamh*, 25) agus an áit a mbeidh 'siamsa buan ar thalamh slán na síoraíochta' ('I gCuimhne ar Fhiach Ó Broin', *Cion*, 30).

Gné eile de thóraíocht an dúchais sin is dual don duine ar aistear na beatha i bhfilíocht Uí Choigligh, agus gné atá fite fuaite trína thuiscint ar chúrsaí creidimh, is ea an Ghaeilge agus saol phobal na Gaeilge idir Ghaeltacht agus phobal Gaeilge Dhuibhlinne, mar a thugas an file air. Ní hamháin gurb í an Ghaeilge teanga allagar an Fhocail, ach is í an mháthairtheanga í, an mháithreach, 'macalla mo mhuintire' ('Ceist carad', *Cion*, 14) a shaothraíos sé de rogha idé-eolaíoch ar an mBéarla éasca ó 'dhiúil / go cíocrach / an tsine shinseartha' ('Rith chun scátha agus thairis', *Noda*, 31). Ní hamháin go bhfuil tiomantas láidir athbheochanóra i leith na teanga le sonrú ar a shaothar cruthaitheach agus dioscúrsúil ar fad, agus go háirithe ar a chuid filíochta ó thús, ach cuid shlán den aisling uilig a thiomantas don cheird dúchais a léirítear tríd síos i dtéarmaí a fuintear as a chruinneshamhail phearsanta. Dá réir sin, ní hamháin gur gníomh liteartha agus cultúrtha í an fhilíocht, ach tá feidhm ionann is soiscéalaíoch agus reiligiúnach ag roinnt léi freisin.

Dearbhaíonn an file gur arm géar é an dán nach bhfuil 'neodrach, gan mhoráltacht / gan chion, gan siocair, gan anáil, gan iarsma' ('Athchuairt ar an gColáiste Ollscoile, Baile Átha Cliath', *Cion*, 36) agus gur gníomh seirbhíse trí mheán an Fhocail, mar mhalairt ar *non serviam* Shátain, dochum glóire Dé an fhilíocht:

> Gaoth d'fhocail
> le m'anáil:
>
> Focal guí
> mo rá.
>
> Dearbhú Dé
> ár mbuan-Cháisc.

('Serviam', Broken English agus Dánta Eile, 49)

Fógraíonn sé freisin ina réamhrá le *Zein na Gaeilge: Hadhcúnna* go bhfuil 'teir agus toirmeasc, ionann is, ar thagairtí don Chríostaíocht i litríocht na Gaeilge' (xi) agus cuireann sé roimhe filíocht Ghaeilge a fháisceadh as an spioradáltacht Chaitliceach, mar a d'iarr an Pápa Eoin Pól II ar scríbhneoirí Caitliceacha a dhéanamh i litir thréadach in 1999.

Luaitear téarmaíocht reiligiúnach go minic le cúram an Fhocail sna dánta, rud a dhearbhaíos an athuair cruinneshamhail chomhtháite an fhile. Is léir, mar shampla, ar an dán gearr 'Ceiliúradh faoi Rún' (*Noda*, 45) gur sagartacht focal is cúram don fhile, mórán mar a thuigeas Eoghan Ó Tuairisc an ghairm ina aiste cháiliúil '*Religio Poetae*', ach gur i gcomhthéacs Críostaí amháin a cuirtear seo in iúl i bhfilíocht Uí Choigligh. Ar nós an cheannaí i Soiscéal Naomh Matha a dhíol a raibh aige leis an bpéarla róluachmhar a cheannacht (13:45-6), is é cúram an fhile an péarla sin a thabhairt chun solais i láthair an tsaoil, mar a mhíníos sé i ndán *in memoriam* Uí Thuairisc:

Thum an t-éigeas balbh i ndánaigéan duibhe;
thug Péarla a dhiongbhála chun uachtair.

('Focal', *Cion*, 11)

Ar an gcuma chéanna, molann sé a chomhfhile, Pearse Hutchinson, i dtéarmaí bíobalta:

Chaith tusa coraintín fada i seirbhís an fhocail
ag cartadh chré na céille is ag cáitheadh aisti an chogail.

('Pearse Hutchinson',
Cúram File: Clann, Comhluadar, Creideamh, 21)

Bronntanas luachmhar í an fhilíocht, ach an oiread leis an bpéarla, ach nach bhfuil aon luach saolta ag roinnt léi. Dá réir sin sa dán 'Odharnat' (*Cion*, 21), ní thairgeann an file 'ór, túis ná miorr bíobalta' mar bhronntanas baiste don chailín nuabheirthe ach 'focaltaisce mo dháin'. Tuigeann sé san am céanna go mb'fhéidir gur glam fásaigh a shaothar agus gur beag aird a thugas an choitiantacht ar a bhfuil le rá aige:

Síorchumadh dánta
in ainneoin an tSaoil Fhódlaigh –
faoiseamh réadóra.

(*Zein na Gaeilge: Hadhcúnna*, 11)

Díol suntais sa gcomhthéacs seo, áfach, mianach spioradálta neamh-shainchreidmheach riar mhaith de na hadhcúnna in *Zein na Gaeilge: Hadhcúnna* a tharraingíos ar thraidisiúin éagsúla neamh-Chríostaí, go háirithe ar an mBúdachas gona bhéim ar an mbeith bheo in ala uaire, nóiméad sin na heipeafáine nó na heacstaise, nó i dtéarmaí Ríordánacha, nóiméad na geite:

mairim san aga:

geaifeálaim an bheith i ndán

is santaím croí án

(*Zein na Gaeilge: Hadhcúnna*, 14)

Is sna dánta Gaeltachta is mó a feictear gnéithe éagsúla na miúine beo beathach i dteannta a chéile in aontas comhlánaithe. Bíodh is go luann sé le gean pobail Ros Muc, Rath Chairn agus ceantar eile Gaeltachta go rialta sna dánta, á dhearbhú, ar nós Liam Uí Mhuirthile, Nuala Ní Dhomhnaill, Mhichael Davitt agus go leor eile den ghlúin sin a thug an turas siar agus a d'éist leis na 'seancheoltóirí teangan', gurb iad a chothaigh ann 'ómós don Fhocal' ('Ceacht na Máistreása', *Cion*, 41), is é Inis Meáin an áit shacráilte *par excellence* i saothar Uí Choigligh. Is é oileán rúin Uí Dhireáin agus oileán séin Uí Ríordáin in éineacht é agus aontaíonn sé ina chéile cuid mhaith de na cúraimí fileata, idé-eolaíocha agus spioradálta ina shaothar ar fad. Seasann an t-oileán do shaol útóipeach más leochaileach féin an dúchais mar a feictear sa bhfilíocht é, fearacht Inis Mór óige Uí Dhireáin, ach go bhfuil níos mó de mhiotal an fhíréin agus den idé-eolaíocht *engagée* i leagan amach Uí Choigligh. Seo é 'pobal gan bhearna' ('An Ghné Oileánda', *Doineann agus Uair Bhreá*, 27) na haontachta, an dúchais, na rúndiamhaireachta a mbíonn 'aghaidh siar de shíor' ('Dúluachair', *Cion*, 16) ag an bhfile air sa saol iarbhír agus i súil na hintinne. Ceiliúrann sé riar de mhórimeachtaí pobail agus muintire an oileáin, go mór mór breith, baisteadh, bainis, bás, *rites de passage* na beatha daonna – go deimhin, sháraigh sé Torna, príomhchaointeoir na Gaeilge, dar le Muiris Ó Droighneáin, ar a bhfuil de chaointe aige ar sheanghlúin an oileáin agus laochra eile dá chuid atá bailithe leo ar shlí na fírinne. Más íomhánna meathlaithe is coitianta, fós féin maireann an t-oileán agus a chultúr beo, fiú más beocht bheatráilte go maith í:

Carraig bheatráilte ár ndúchais
brúscar súbhach an chine
dearbhú na fine nach múchfar
chúns dhúiseofar bród duine.

('Barrshamhail', *Doineann agus Uair Bhreá*, 50)

Tá Éire shaor Ghaelach ('Beár', *Cion,* 20), á báthadh, dar leis, ag rabharta an nua-aoisithe agus an Bhéarlaithe san oileán, agus tharla gurb í an teanga an mháithreach a iompraíos agus a sheachadas an dúchas is ionann i súile an fhile díothú na Gaeilge agus díothú an chreidimh:

Inis Meáin mo léan
glór na Gaeilge ag éirí lag –
glóir Dé á plúchadh

(*Zein na Gaeilge: Hadhcúnna*, 47)

Cuimsíonn an dán álainn snoite 'Séipéal Mhuire gan Smál agus Eoin Baiste: Inis Meáin' (*Cion*, 15) na cúraimí seo ar fad. Is é Inis Meáin 'í ár ndúchais', an áit a mbriseann 'tonnta Grásta ar dhuirling sheasc ár n-amhrais'. Fearacht phaidir Uí Ríordáin nó dhínit bhunúsach dhuineata mhuintir Árann i saothar Uí Dhireáin, 'paidir shíor' atá i gccansú na gcloch garbh ag fir an oileáin agus is míorúilt í 'téisclim fhonnmhar na mban' i mbun a gcúraimí féin. Déanann cráifeacht shimplí laethúil an oileáin, maille le gnásmhaireachtaí seanbhunaithe an tsaoil ann, fuil bhorb an bhriathair bheo de 'reitric fhuar na Vatacáine' agus na hEaglaise institiúidí, agus spreagann an file le dul ag cartadh 'i gcré an Fhocail' (sa gciall liteartha agus reiligiúnach araon) agus é ag deilbhiú 'buan i gcruth dáin'. Seo sprioc na hoilithreachta a cuirtear i gcrích nuair a thuirlingíos an léargas i gcruth focal, agus murab ionann, mar shampla, agus sacraimint iar-Chríostaí Uí Ríordáin a d'fhógair gur baisteadh é féin i gCreideamh an Fhocail, miúin thiomanta *engagée* Chaitliceach de dhúchas na Gaeilge atá bainte amach ag Ó Coigligh anseo. Cuirtear leis seo an gliondar a léirigh sé nuair a chuaigh a iníon féin thart leis an mbrídeog ar Oíche Fhéile Bríde, traidisiún de chuid an oileáin, i gcruthúnas gur féidir an chruinneshamhail dhúchais a sheachadadh chuig an athghlúin, fiú i gcathair Dhuibhlinne na nuaré:

> Damhsaíonn is labhraíonn go cúthail
>> in oirfide spioradálta cine
> a shlánaíos gach uile iarsma concais is truaillithe mhire.

('31 Eanáir', *Cín Lae 1994*, 7)

Nocht Gearóid Ó Crualaoich an tuairim in aiste cháiliúil in *INNTI 10*, 'Nuafhilíocht na Gaeilge: Dearcadh Dána', gur *poetry* seachas filíocht i gciall na Gaeilge a bhí á scríobh ag bunáite fhilí comhaimseartha na Gaeilge – Nuala Ní Dhomhnaill agus Michael Hartnett na heisceachtaí, dar leis. Bíodh is gur tharraing an ráiteas dúshlánach sin conspóid ag an am, dhúisigh Ó Crualaoich cruacheisteanna faoi fheidhm agus nádúr na filíochta Gaeilge inniu i gcomhthéacs an traidisiúin a tháinig roimpi. Níl aon amhras faoi sheasamh agus faoi mhianach fhilíocht Uí Choigligh sa gcomhthéacs seo. Filíocht phoiblí a chumas sé, filíocht phobail a tharraingíos ar mhodhanna dioscúrsúla agus ar aeistéitic dhúchais na filíochta Gaeilge riamh anall, agus go mór mór sa saothar aibí, ó fhoilsiú *Cion* (1991) ar aghaidh, abair, agus é ag baint gaisneas níos sofaisticiúla de réir a chéile as meadarachtaí agus modhanna reacaireachta dúchais. Sa saothar forásach seo cumann sé dánta sna meadarachtaí clasaiceacha (Aoi Freislighe, Rannaíocht Mhór, Rosc, Laoi Fiannaíochta) agus i meadarachtaí an amhráin, agus tarraingíonn sé ar réimse iomlán na teanga, agus go mór mór ar reitric shaibhir ardréimneach na litríochta béil faoi mar a casadh air in Inis Meáin go háirithe í. Fágann sin go bhfuil a shaothar, i bhfriotal Mháirín Nic Eoin in *Trén bhFearann Breac*, ar ancaire anois i máithreach shaibhir Ghaeilge na Gaeltachta mar a bhí sí glúin nó dhó ó shin, i leaba na línte ríghairide, fiú aonfhoclacha, a cleachtaí go coitianta sna 1960í agus sna 1970í, agus atá ar fud na mball sa saothar luath ag Ó Coigligh, go háirithe in *Noda*.

Fearacht fhilí na Gaeilge riamh anall, agus go mór mór ón 17ú haois i leith – agus chuimhneodh duine i gcás Uí Choigligh ar shaothar Raiftearaí go príomha – tá an pholaitíocht agus an dioscúrsa poiblí fré chéile go smior ina chuid filíochta ó thús. Ní hamháin go labhrann sé amach sna dánta faoi chúrsaí reiligiúin agus faoi cheisteanna móra na moráltachta sóisialta lena linn, gan trácht ar chúrsaí teanga agus cultúir, mar a luadh cheana, ach tá dearcadh láidir náisiúnaíoch ón traidisiún poblachtach ar fud na mball sa bhfilíocht chomh maith. Mar a scríobh an file féin i mbrollach *Aiséirí: Requiem* (2006), sraith véarsaí a chuir sé le pictiúir de chuid an ealaíontóra Eoin Mac Lochlainn, 'Is é Pádraig Mac Piarais an laoch a ndearna mé iarracht mo shaol féin a mhúnlú air' (5). 'Stáitín léanmhar' a fuair muid le hoidhreacht, áfach, dar leis, seachas Éire shaor agus Ghaelach aisling Mhic Phiarais agus bhunaitheoirí an stáit. Is geal leis 'reitric ár náisiúin rúin' ('13 Eanáir', *Cín Lae 1994*, 3) agus dá réir sin tacaíonn sé leis an 'aidhm náisiúnta' agus 'coipeann fuil na feirge' ('Loch gCál', *Broken English agus Dánta Eile*, 15) ann ag cuimhneamh dó ar fhórsaí na Breataine a bheith, ina shúile seisean, i seilbh i gcríocha gafa na Sé Chontae. Luann sé an pobal ó thuaidh go rialta, dream 'ar cuid masla a n-ealaín spóirt / i hallaí áirgiúla an chinsil cheannaithe' ('Aontroim Abú!', *Cion*, 32) agus cáineann sé údaráis na Poblachta as beartais mheata, mar a d'fheicfeadh seisean é, ar nós achtú Mhír 31 den Acht Craolacháin (1960) a choinnigh gluaiseacht na poblachta ó na haerthonnta le linn na dtrioblóidí ó thuaidh ('Stailc Lae', *Broken English agus Dánta Eile*, 55). Tuigeann sé go maith cé na hiarmhairtí a bhaineas lena leithéid de sheasamh, go mór mór sna 1980í in Éirinn, agus, mar a deir sé sa dán 'Cúirt Éigse' (*Broken English agus Dánta Eile*, 61):

Go mb'fhéidir go mbrandálfaí
mar *fellow traveller* mé,
ní áirím sceimhlitheoir.

Tháinig athrú suntasach ar a leagan amach ar chúrsaí polaitíochta ó dheireadh na 1990í le teacht chun cinn phróiseas na síochána ó thuaidh agus le síniú Chomhaontú Aoine an Chéasta, agus ceiliúrann an soinéad 'Síth Éireann' (*Cúram File: Clann, Comhluadar, Creideamh*, 5) bua mhóraithne Chríostaí an ghrá, agus 'cor nua / i saol cine a chleacht leatrom is fíorchrá' nuair a 'd[h]amhsaíonn grian lonrach ar loch, ghleann is shliabh'. Ócáid mhór eile sa gcaidreamh stairiúil agus polaitiúil idir Éire agus Sasana ba ea cuairt na Banríona Eilís II ar Éirinn i mBealtaine 2012 agus rinne an file ceiliúradh ar an ócáid le dán acrastach (séanra a chleachtas sé go minic):

Éilímis grásta Mhac Dé dá chéile –
Insímis don domhan mór faoi fheabhas a bhéile.
Lasaimis coinneal na féile gan géilleadh
In iarracht dóchais is creidimh is céille –
Seasaimis gualainn ar ghualainn le chéile.

('Cuairteoir Cásca', *Oilithreacht*, 91)

Foilsíodh an dán seo in *Gaelscéal* le linn na cuairte (20 Bealtaine, 18), bhronn an file cóip den dán ar an mBanríon agus fuair litir ar ais uaithi á inseacht dó cé chomh mór is a thaitin an dán léi! Is léar san am céanna gur comhthuiscint *inter pares* atá anseo agus nach ngéillfidh an file ar na bunphrionsabail reiligiúnacha, pholaitiúla agus chultúrtha atá á threorú i gcaitheamh an aistir. Fágann sin, cuir i gcás, nár leasc leis tréas in aghaidh na Gaeilge a chur i leith Thaoiseach na tíre, mar a rinne sé sa dán 'Éire Prime Minister K.O.'s Native Lingo' (*Doineann agus Uair Bhreá*, 52) agus, go deimhin, nár miste leis tarraingt ar an bhfíoch fileata ba dhual d'aos dána na Gaeilge riamh anall sa traidisiún ina mhallacht file ar thaoiseach a rinne ainghníomh:

Go dtaga luath an lá a mbeidh fán air,
gan taca gan grád gan cáil air,
ach sac ar a bhráid is fíorghráin air,
ná maireadh sin dea-chliú ná trácht air.

Is é dualgas an fhile labhairt amach, a scéal a reic gan fuacht, gan faitíos, agus a phobal a theagasc mar 'gurb é dlí an fhocail ár gcúram'.

Noda

RUAIGEADH FAITÍS

Cara
a chainteodh thart
dubh na hoíche
a speirfeadh an chúinge
an coimhthíos
an faitíos
a chuingeodh intinn
a thógfadh cian
a dhaingneodh
féinmhuinín
a léireodh aibhse
gan titim inti
a réasúnódh
míréasún an tsaoil
a ghealfadh bóthar.
Deartháir
a roinnfeadh
ualach:
buairt-ualach
imní-ualach
a thriomódh deora
le gáire beatha
a d'fhógródh
údar
ciall, brí
a chuirfeadh barr
ar riascthalamh
a theorannódh
an saol

a déarfadh paidir
a d'áiteodh faoiseamh
a chothódh suaimhneas
le briathra tomhaiste
an ghrá
na carthanachta
na comhthuisceana
a dhéanfadh dán
a reicfí
ó chrannóg na mblianta
na staire
an ama
a thuairisceodh
an fiúntas
an fáth
an fhírinne
i nglanlitreacha
ar éadan dóchasach
an chine daoine.

GRIAN GHEIMHRIDH

Tagann cara –
grian bhruite
ag téamh na beatha.

Fuarann cairdeas
mar a fhuaras grian –
go mall neamhshuntasach.

Uair annamh
a theilgtear ga
nach dán dó fuaradh
ná imeacht as.

TAR

os íseal
i scioból
beatráilte
an chroí
bronn
do shíocháin
is bronn
do threisc

Doineann agus Uair Bhreá

AN EITILT DHEIREANACH

Cuimhnigh anois
ós thart
nár bhreá
sroicheadh
go ciumhais céille.

Cuimhnigh ar róléiriú
ba shíorchasadh fírinne.
Cuimhnigh nárbh fhios
an fhírinne.
Cuimhnigh gur cheistigh
cara, cás is ciall.
Cuimhnigh an róthuiscint
rósciobtha
ró-éalaitheach
an "tuiscint" mhíchruinn
mhínádúrtha.
Cuimhnigh gur chás
an cás ba lú.
Cuimhnigh
gur chuimhnigh
ar cuimhníodh cheana
ach ba ghéire, ba shoiléire,
ba mhó, ba mheasa,
b'fhaití ná riamh.

Cuimhnigh gur áitigh
is gur impigh
is gur ghuigh
nuair nár léir
ciall le guí ann.

Cuimhnigh
gur chuimhnigh
ar an Ancaire:
an tAncaire a mhúin
an mhaith,
a chleacht an mhaith
agus a céasadh.

Cuimhnigh
 gur cuimhníodh
ar Dhia ina dhuine
nuair ba dheacair
cuimhneamh
ar Dhia mar Dhia.

Cuimhnigh
gur dhiúltaigh breith
a thabhairt
ar fhaitíos
an chasta ar ais;
ar fhaitíos
gur dhall don radharcach
is gurbh í an ainbhrí
an chiall.

Ba léire dearmad,
ba léire breall,
ba léire cion,
ach ba róléir
an uile
ina huile-roithleán.
Bhí púicín
ar mhaith dá laghad.

Eitíodh an fiúntas
nach raibh ann ach uabhar
cé nárbh fhíor nárbh ann ...

Cuimhnigh
gur cheistigh
córas is cúnamh,
caidreamh is bealach beatha.
Cuimhnigh
nárbh fhéidir cuimhneamh
ar chuid ba mhó
ná céatadán smaointe.
Cuimhnigh
gur léir
easpa iomlán muiníne,
ní b'fhórsúla ná riamh.
Cuimhnigh
nár dheas don deas féin.

Cuimhnigh
gur mhionnaigh
nach n-eitleofaí
arís go brách.

ANAMCHARA

Labhair muid i gcomhrá rúin,
is thráchtais go n-úil críon eol:
ar bhreith, fhás, ar aois is úir;
cé nach úir ach Cré do cheol.

Tusa deimhin mac an fhéil,
fiannaí scéil a ruaigeas scáil,
go teann gan beann ar an dáil
arb áil riamh leo díothú Fáil.

Ní sheachnóidh tú choíche cath,
a dhath níor cheil, níor cham acht;
ní thruaillíonn, ní deir ach nath
a chothós rath, slacht is reacht.

Rannaíocht Mhór, 29 Deireadh Fómhair 1984

Broken English

agus Dánta Eile

ARDFHEAR

(*In memoriam* Chaoimhín Mhic Con Mara, Ardeaspag Bhaile Átha Cliath, *obit* Dé Céadaoin, 8 Aibreán 1987. *Requiescat in pace.*)

Caomh ar nós na hAonghine
a ghin ionainn fonn na haontachta.

Íon ar aithris Mhuire
Máthair Mhac an Duine.

Mac an Chon a sheilg anmain
chlann na talún is chlann na mara.

Gin is caoimhe is is íne
Caoimhín rogha na ndaoine.

Paidir na Lánúine Pósta

A Dhia,
cuir do bheannacht orainn,
cothaigh an dílseacht
agus an chneastacht ionainn,
tabhair cúnamh dúinn
in uair na deacrachta
agus bíodh muinín againn
asat i gcónaí.
Glacann muid buíochas leat
as ucht muid a thabhairt
le chéile.
Go méadaí ár ngrá
dá chéile
agus go léirítear é
i bhfocal agus i ngníomh
chúns mhairfeas muid beo.
Áiméan

A Íosa

Bí liom
nuair a chúngaíos
réim an lae,

nuair is lag
mé in éadan cathú,

nuair is gruaim ar fad
mo mharthain,
nuair is dorcha m'infhéachaint.

Bí liom.

Cion

ACHAINÍ

Feicim do ghnúis in éadan an doichill;
Cloisim do ghlór in insce pobail bhuailte;
Aimsím do ghrá i gcaidreamh reo lucht aitheantais.
Fionnaim do chréachtaí i ngága lámh garbh.
Cuartaím Muire i ngach gearrchaile baoth
Braithim do bhua ar mo laige féin.

SÉIPÉAL MHUIRE GAN SMÁL
AGUS EOIN BAISTE INIS MEÁIN

Briseann síoraí tonnta Grásta
ar dhuirling sheasc ár n-amhrais
in í seo ár ndúchais.

Santaím i gcónaí scafántacht chúthail fear
ag ceansú na gcloch garbh
is á múnlú ina bpaidir shíor.

Náirítear mé ag téisclim fhonnmhar ban
i mbun a ngnáthmhíorúilte ciúine
ag maisiú, ag cóiriú, ag soláthar.

Feistím go humhal mo pheann díocasach,
spáid chiotach a chartas i gcré an Fhocail,
go ndeilbhím buan i gcruth dáin

cráifeacht rocach chaoin oileáin;
toil inse nach meánach
ach lándúthrachtach don Bhriathar Beo.

Claochlaítear reitric fhuar na Vatacáine
ina seanchas beo ar urlár Theach an Phobail
nó gur aon le chéile an comhthionól iomlán.

1 Lúnasa 1989

FÁINNE FÍRINNE

Ar nós cuma liom
le teann mo náire a cheilt
a admhaím tar éis na mblianta meala
gur fhálaigh an fáinnín óir
luaidhe mheirgeach na mílte faillí.

Go leá an fhaoistin mhall chiotach
mianra fabhtach mo dhaonnachta
go bhfáisctear as truamhéala mo laige sacraimint:
grásta an ghrá shíoraí.

Lá Fhéile Vailintín, 1989

ODHARNAT

Ní thairgim duit ór, túis ná miorr bíobalta,
ach focaltaisce mo dháin.

Go nglana an t-íonuisce peaca na haithne
is go síoraí gach údar crá.

Go n-óra an Briathar do fhriotal, do mheon,
do dhreach is do chroí lán.

Go gcumhdaí Muire is a Mac, Pádraig is Bríd,
d'anam cráifeach, spréacharnach án.

*(Dán in ómós d'Odharnat Ní Mhuirí ar ócáid a baiste i gColáiste
Phádraig, Maigh Nuad, ar Dhomhnach Cincíse, an 22 Bealtaine
1988. Buíochas le Dia)*

Grian gheimhridh go préachta aithríoch
a scalas orainne – oilithrigh dhrogallacha náireacha –
a chaitheas feisteas ár ndóchais go leithscéalach
is muid ag triall ar an gcill.
A Naomh-Mhuire, guigh orainn.

Is cill chúng séipéal seo ár ndála.
Mothaím cré na cille i bhfuaire na maidine.

Santaím Cré na Cille – ceirín ar dhíchreideamh na ré fuaire.
Triallam ar chill na Bríde i mBliain seo na Bríde a nocht
í féin ar bhinn domhnaigh thiar: nochtadh ba chrios
tarrthála anama tráth dúchana spioradálta.
Nochtadh tostach na híoróine, d'eile?
Tost tráthúil na trua is an gheabstaireacht shinseartha
síoctha i vís na briotaíle.
Cheansaigh Bríd na cille Bríd na ndán.
Tréigimid, má thréigeann, Muire na nGael is triallaimid
ar Mhuire na nGrást.
A Naomh-Mháthair Dé, guigh orainn.

Sníonn ár gcóiste trí abhantracht Chill Easra.
Caolaíonn an Réalta siar.
Réalta ár maidine nua.
Réalta ár seaneolais.
Clingeann clog cille.
Thosaigh an oilithreacht seo i bhfad ó shin.
Ní mhaireann buan ach meáchan luaidhe an drogaill.
Greamaíonn deannach na cré dár mbróga Domhnaigh.
Ofráiltear dom *The Sunday Press* – portús ár bhfíréantachta
– gníomh cumainn.

Údar masmais: *'The greening of Charlie Haughey in America.'*
Do chum glóire Dé agus onóra na hÉireann?
Tá liodán *Anois* léite ó aréir ag ár gcomplacht, má tá.
Ní haon Ghaeltacht mhaide í seo.
A Naomh-Mhaighdean na Maighdean, guigh orainn.

Achainí bhalbh: faoiseamh ó Bhéarla líofa aosa Gaelscoile.
Comharthaí doininne ag Ósta an Duine Mhairbh.
Fógraíonn glór truamhéalach na Rúndiamhra Sólásacha.
Gearrtar Fíor na Croise go diaganta ar leathchéad baithis.
Teachtaireacht an Aingil chugainn ar éigean Dé
    ar an micreafón pleidhciúil.
Plúchadh gintlí as túis shaolta ár dtiománaí – ceann treo
    nach ceann treora.
Comhartha paidrín – náirítear muid is muid dá uireasa.
Téim amú i gcomhaireamh na méar.
A Mháthair Chríost, guigh orainn.

Fleascaigh éadóighe – múchtar tart le fleasc ár dtíobhais.
Údar cantail ár ngann-raisín – nuasacháin chliste!
Maolaíonn díograis nóibhíseach faoi ualach céadach
    daonnachta smálaithe.
Bascann craoladh bradach ministir cocún ár n-íonghlaine.
Díoltas ciúin an tiománaí séantóra?
Meallann blas *para*-Chairdinéalach – *nea* Ultach – na huain
    seo againne.
Santaím ardtonn m'fhuascailte. Nochtann geataí beairice:
'Stop. Switch off engine and lights. Come forward to be identified'
    – mana maol.
Longfort Óglaigh na hÉireann. Longfort doicheallach
    aonteangach cosanta ár bPoblachta.

Tarraingím chugam *Tribune* mo mhaslaithe. Rosc leithlis.
A Mháthair na nGrást diaga, guigh orainn.

Féar gortach ar Chnoc gortach Mhuire.
Gorta foscaidh. Gorta aerstráice. Gorta dídine. Gorta áitribh.
Gorta tearmainn. Pobal bacach Dé thar baile isteach.

Coimhthíos faoi screamh na fiarfháilte i saintsúile an Chnoic.
A Mháthair róghlan, guigh orainn.

Téimid chun na Baislice. Scioból beannaithe nach cró Nollag.
Ungtar easlán, Ungtar créacht m'amhrais.
Uaisle éalangach.
Is aon cré na Beatha agus beatha na Cré:
Ár n-arán laethúil – Arán na Beatha.
Liotúirge an Fhocail dáiríre píre: 'Go mbeannaí Dia
    Uilechumhachtach ár bhfilí,
ár scoláirí agus lucht saothraithe teanga.'
Gorta filí i nGort Mhuire: Reifirméisean ciúin ár ré.
Íocshláinte achainí.
A Mháthair rógheanmnaí, guigh orainn.

Tugaimid Turas na Croise. Cros an lae: Galltacht
    an fhocail scríofa
ar Uaigheanna na bhFinnéithe. Tógtar uainn an chailís
    fínéagair is téitear go domlasach thar bráid.
Fógraítear muid as sanctóir na Naomh-Shacraiminte –
    goin sleá.
Leánn ceo draíochta na beannachta ina shaoltacht tholl.
Teithimid chun an Chaife.
A Mháthair gan toibhéim, guigh orainn.

Baptisma Religionis
(d'Úna Bríd Ní Choigligh)

Tumtar ár ngin iníne in uisce coisricthe a híonghlanta,
ungtar í le hungadh an ghlao dhiaga chun eaglaise,
Bíodh feasta ar bhantracht an Ungthaigh.

Claochlaítear ár ngin shaolta ina gin bhaiste
nach gin chointinne go brách, is cealaítear
iarsma ceangail is oibleagáide
le teann an ómóis dúchais.

Gurab áin léi Cré agus adhradh tiomanta
an Té a thuilleas searc,
gura léas í do chlann an dóchais,
nár oba do shaol Ádhaimh ná chráifeacht
is go ngnóthaí an bheatha shuthain.

Ceacht na Máistreása
(i gcuimhne ar Mhai Maude + 15 Meán Fómhair 1990)

Chothaigh tú ionainn ón tús
ómós don Fhocal
nó gur shealbhaigh muid
i ngan fhios dúinn féin
ionann is
gach nath cráite
gach rá tubaisteach
gach fuaim anróiteach
i gcanúint gharbh na Fírinne.

Dheilbhigh tú teanga bhinn shibhialta
as allagar na geabstaireachta díomhaoine
is focal feasa as gach focal borb aineoil.
Mheabhraigh tú dúinn
le gach crá as cuimse
gach fulaingt chéadach
a chuir tú faoi chuing an Bhriathair
nach bás is dán dá lán i gcré na cille
ach slánú i gCré na Beatha.
As coróin spíne ár gcleachta laethúil
shníomh tú caipín sonais shíoraí;
as cupán fínéagair ár laige
d'ól tú fíon milis an bhua.
Ba ghrá ar fad do bheo:
Grá céile,
grá clainne,
grá comharsan,
grá Chríost,
grá réitigh.
Ré n-achair agat
i bhfochair Dé go brách.

CION FIR

(I gcuimhne ar Dhomhnall Ó Murchadha + 8 Eanáir '90)

Cion ar ghasúir
cion ar Ghaeil
cion ar ealaín
cion ar Éirinn

Infhéachaint bharántúil chumasach
deilbhithe as sintéis
Ghaeltachta is Ghalltachta,
as carraig rocach an dúchais
is as fíon Francach na hinspioráide.
File cloiche
a ghrean an Briathar Beo
ar leic fheannta ár ndóchais
in iarracht chúthail éifeachtach
athnuachana agus claochlaithe.
Go maire do phortráid
i nGailearaí Dé go brách.

Cinn Lae 1994

10 Eanáir

A Dhia dhílis, is suarach liom cros mo mhaslaithe de rogha
ar Chroich Chalvaire tháir ba náir leatsa is an uair ar sceabha.
Fóir orm is claochlaigh as sáiteoga an oilc is na gránach,
    bogha
ceatha daonnachta, uaisleachta, cumainn, páirte is grá
    den togha.

16 Eanáir

Scairteann grian gheimhridh i ngléine chrua seaca caoine
is sonann séipéal is teampall — cuireadh buan do dhaoine.
Is in ainneoin scannal scoilte cruinníonn lucht na hAoine
go dtairgeann adhradh is dílseacht bhuan do Rí na míne.

16 Feabhra

Luaith na críche deireanaí brandáilte ar m'éadan
    muiníneach inniu
i gcruthúnas nach í cré an bháis is cás liom ach Cré
    nach dubh.
Carghas ar obair is sileann am trí chriathar cráite lae
    gan guth.
Maolaítear ar dhúthracht shinseartha is fágtar an creat
    gan puth.

2 Aibreán

Lastar coinneal an Aiséirí, diúltaím do Shátan
　　is dearbhaím Cré
na cille uilí is tugaim ómós is adhradh cóir d'aitheanta Dé
is leánn an t-olc féin in umhlú faoistine is fadaítear spré
theolaí dhóchais, dhúchais is dhínite a ghealas as láimh
　　dubh na ré.

10 Aibreán

Coinním an tSabóid saor ó obair tháir is guím d'Éirinn síth
is dual dár dealbhadh i gcruth glé an Spioraid, an Mhic
　　is an Rí.
Cuirim caoifeach is cúram is gach uile ní faoi chaolacha
　　an tí
faoi choimrí an Choimhdhe a d'imir dá Bhuime míorúilt
　　chuí na dí

23 Deireadh Fómhair

Ministir de chuid an Fhocail — grád is dual don fhile
　　luaile —
seach allas a shileadh i mbun a ghnó i ngarraí, i ngort nó
　　i mbuaile.
Aoire dá ainneoin féin in éadan a phosta, ag caomhúint
　　na huaile
faoi theannas duairc na ré nach dochar féin más docht
　　an cuaile.

30 Deireadh Fómhair

Sroichim féin an tAireagal séin is seachnaím Aifreann
    dúiche,
cartaim i gcré thrua na leabhar is cuartaím go cráite
    an Cúnamh
a dheilbheodh i gcruth paidre m'iarracht shíor — breith
    ar údar
Chéachta na Beatha is duine féin as codladh go beo
    a dhúiseacht.

21 Samhain

Breacann an lá isteach is túsaíonn téisclim an taighde
    leabhair
is triailim íobairt i gciúine dhubh aireagail ag súil
    le cabhair
an Ghrásta as béal an Fhocail is téagartha binne
    cruinne meabhair
go lastar ionam ar éigean an Creideamh a lasadh fadó
    i dTeamhair.

9 Nollaig

Tuirsím den luail róshíor go gcleachtaim scíth is santaím
    codladh
is cóirím téacs ciotach an lae le neart na dúthrachta is
    na tola.
Labhraíodh cara ar chumhrán naofachta is féach go santaím
    a bholadh
ó sciúradh díom le cleacht na mblianta aindiachas
    as cuisle fola.

17 *Nollaig*

Fuadaíonn siotaí gan choinne caonach liath de m'intinn
    chríon
is samhlaím scoth na muintire íne ag bord an dóchais
    le fíon
an dúchais sna coirn líonta ag téamh an chroí ar toil
    leis díon
ar anfa is chrá na gcianta: Mac Dé Bhí is Muire ríon.

24 *Nollaig*

Cothrom na hoíche i dtírín chian ar tugadh ón mbroinn
    ina bheatha
Mac an Duine is uaisle a chinntigh an fás in áit an mheatha,
cingim chun séipéil gan cháim is reicimse friotal ina
    rite reatha
le súil go ndeonaí Dia na Trócaire go fial an grásta
    ina cheathanna.

25 *Nollaig*

Leánn beannaíocht ina ceirín oilc a chráfadh naomh
    sárchliste —
smálaítear sanctóir an tí le fuílleach bronntanas
    saorga briste.
Santaímse ganntan — suáilce rheann   - scach fuíoll táir
    an chiste
áirgí is maoine, a cheileas an chóir, is a cothú sin ní miste.

Cúram File:

Clann, Comhluadar, Creideamh

I gCuimhne ar Mhicheál Dara

(A bádh Dé Sathairn, 25 Samhain 2000. Requiescat in pace.)

Múin dúinn foighne, a Thiarna, in éagmais chorp an ógfhir.

Íocshláinte is faoiseamh as cuimse, a theacht faoi thír
 le pógadh.

Caoine Mhicheáil a mhaím in aghaidh gairbhe is fórsa ólaí.

Haras, hulach halach is hútharnach na mara móire –

eathla gan choinne Garraí an Iascaire is ní hea lóchrann.

Áras ar neamh go raibh ag Micheál is coimirce i gcónaí –

lasadh a réalta os cionn an oileáin go soilseach cóir dúinn.

Dánta is amhráin is aithisc is lag iad in éagmais an duine

a rinne an cinneadh fóirithint gan choinne in éadan toinne.

Rabharta a shaoil ina mhallmhuir is caoineadh ar fud
 na cruinne,

a Dhia, anois, tarrthaigh a chine ler naofa seal na broinne.

5 Nollaig 2000

DÁN VAILINTÍNEACH DO MO BHEAN, MÁIRÍN

Mairim ar son do ghrá is go deimhin féin dá bharr.
Áras is mian liom a thaithí — cuan geal do chroí.
Inis, oileán, í, é, tearmann nach duairc is nach táir.
Réiteoidh Dia gach gábh is beidh againn dílse croí.
Ídíodh muid ár ré ag cothú suáilce nach náir.
Neadóidh Dia inár lár misneach, caoine is spraoi.

14 Feabhra 2001

Aiséirí Requiem

Rainn as **AISÉIRÍ REQUIEM**

Íobairt

Titeann an tUngthach, an Críost, an Tiarna Dia, an mhaith
    gan teorainn, faoi thrí.

Is beag an scéal ár dtitim shuarach féin, is bíodh nach
    feacht gan brí,

éireoidh muidne i bpáirt leis féin nuair a ghéillfeas muid
    ar gach uile chaoi

gurb é Mac Dé, a d'fhulaing is a cheannaigh an saol,
    an Fhírinne, an Bheatha is an tSlí.

An Choróin Spíne

Iompraíonn cách a chros os íseal i dtáimhe shíor is
    i seisce a ré

is géilleann don chathú gnách, don bhréag – á cheapadh
    nach dó is dán an spré

a lasadh ar son gach ní dá santaíonn is dá bhfuil dlite
    don chine cré.

An té nach ngéilleann, iompraíonn cros le cois – imní
    thréigean Dé.

Ar Theacht an tSamhraidh

Tagtar gan choinne in inmhe, glactar cúram, déantar
    cinneadh go ceart.

Scairteann grian ar dhomhan is ar dhaoine, is clingeann
    clog nuair a chríochnaítear beart.

Feictear aoibhneas is áille na beatha – nithe is dual do Rí
    na bhFeart.

Cuireann cách le chéile, míorúilt an chomhoibrithe –
    fís, cumhacht, neart.

Geitséamainí

Fuaraíonn siad siúd nach stócálann gean de shíor le bearta
  os íseal grá.

Cothaítear aibhleoga an ghrá trí thost, trí chaint, trí
  fhoighne, is trí ghníomh gach lá.

Claochlaítear gach iarracht fhánach ina fiúntas as cuimse ag
  altóir chaoin na ngrást.

In ainneoin sciúrsáil anama tig le duine an focal ceana a rá.

Ceol na Fuiseoige

Braithim scáil uafar feannóige anuas ar achadh seasc na tíre.

Airím scréach chráite na gcailleach dubh ar aillte an oileáin
  saoire.

Mothaím gur thréig an tAoire in uair an chall a phobal
  is a chaoirigh.

Braithim ceol na fuiseoige uaim a ruaigfeadh as Éirinn
  an buangheimhreadh.

An Poc ar Buile

Diúltaím do mhórchúis máistir, do shlusaíocht scoláire
  is do ghairm ghaimbíneach dlí.

Ní shéanaim mo sheasamh ar son na sluaite a bhfuil orthu
  ceart is cóir de dhíth.

Mionnaím gur mian liom an reacht a chur ó rath
  le cúnamh Íosa Rí

ar dó is dual ár n-adhradh a thabhairt, is á dhéanamh sin,
  ní ligfead scíth.

Uafás

Is ionúin liomsa fear is bean is ógán is ainnir óg,
gearrchaile, buachaill, leanbh, gasúr, stócach is girseach
  shóch.
Cruthaíodh i gcosúlacht Dé gach duine, gach cine, an
  fíréan is an ógh.
A Dhia, go maithe tú feallmharú, dúnmharú, marú is
  argain beo.

Zein na Gaeilge: Hadhcúnna

Hadhcúnna as ZEIN NA GAEILGE

duibhe na hoíche –
peaca ar anam an lae ghil –
geal liom grian na ngrást

braonta na Cásca –
deoiríní trua Dhia na ngrást –
glantar m'anam leo!

Cuireadh an curadh
fulaingt reatha le fulaingt Chríost
in éag an gheimhridh

an Uair Bheannaithe –
nochtann an Naomh-Shacraimint
as dubh na linne

go bhfeice mise
gach crá, gach cás, gach bráca
ina gcomharthaí naoimh!

Domhnach i Londain
cuardaímid lóistín freagrach –
i dteach Dé ar dtús!

Inis Meáin mo léan
glór na Gaeilge ag éirí lag –
glóir Dé faoi ráta.

Filíocht an Reatha

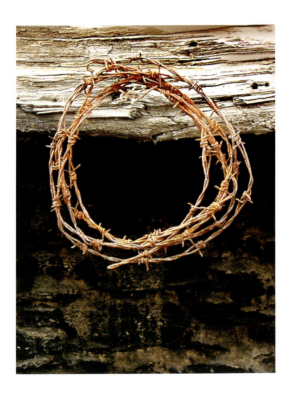

Seacht Staid an Mharatóin

1. Deasghnáth

Is cuardach ár dtús.

Is é ár dtús ár gcríoch freisin:

sa gcuardach, tuigimid,

gur aimsigh muid cheana féin.

Leanaimid ar aghaidh,

gníomhaímid go n-aimsímid an fhoirfeacht.

Is í an fhoirfeacht ár sprioc.

Is í an fhoirfeacht an eithne ábhal,

sprioc ár stánta shíoraí.

2. Turraing

Beirimid barróg iomrallach ar a chéile

ár bhféiniúlacht chliste is ár bhféiniúlacht idéalach.

Trína chéile, míshocair, sínte scaití,

ár néaróga ó rath,

fulaingímid le neart-teann mothúchán.

3. Séanadh

Séanaimid fianaise ár súl,

fianaise níos treise ár n-osna mothúchánaí.

Cuireann fírinne gharbh achair in aghaidh ár mianta

   as cuimse.

Is geall le bréag shuarach an fhírinne lom

agus ní hea an ní uasal a shantaímid go géar.

Diúltaímid d'achainíocha coirp is colainne,

ciall a bheith againn,

an rud ceart a dhéanamh,

gan a bheith inár bpleidhcí,

an gad is gaire don scornach a ghearradh ar dtús,
a bheith níos gnaíúla –
diúltaímid go borb:
ní dhéanfaidh!

4. Scoiteacht

Téimid ar fhód ar leith,
fanaimid inár n-aonar,
creathaimid le neart-teann tiomantachta.
Is ionann contráilteacht an uile reathaí,
sinn féin amháin is spéis linn.
Ní hiod áit i gcomhair comaoineach.
Le neart an leithid féachaimid ár gcnámh bhriosc
agus ár gcolainn chaite ina liacht sin anchruth.

5. Éadóchas

In éadóchas,
buailte,
cloíte ag fírinne bhrúidiúil ár suaraíochta,
contrárthacht shuarach chroíbhristeach gach feabhais.

6. Dearbhú

Téimid i bpáirt le chéile agus sriantar ár n-aistíl as cuimse,
cuirimid sinn féin i bhfeiliúint dá chéile ar bhealaí is
ionadh linn,
bealaí a shaibhríos sinn,
a chuireas lenár ndaonnacht.
Dearbhaítear sinn is dearbhaímid daoine eile.

7. *Athnuachan*

Is athnuachan shíoraí ár saol,
athleasú,
leanúint
tar éis eadarlúidí anróiteacha nó taitneamhacha.
Bímid de shíor ag athghabháil ár n-óige,
ár nirt,
ár n-athghabháil féin.

AN CLUBTHEACH

I bhfolach idir crainn bhagracha,
srutháinín tachta agus teálta gasóg thiar
agus comhar creidmheasa gruama thoir,
tá cuma dhoicheallach ar an gclubtheach traochta,
an aimsir chaite aondathach fhuar ghéar
beo beathaitheach gan sómas dá laghad
leis na bunriachtanais a fholú.
Mar sin féin, triallaimid ar an áit shaothrach seo,
an tuama beo, an suíomh tiomantachta,
an fhoinse fíorfháilte,
an grianán beatha seo,
an cheárta feabhsaithe beatha seo,
ina scinneann acmhainn
ó inneonacha an mhisnithe agus na tiomantachta
lenár mbeatha shuarach a uaisliú.

GORTÚ

Ní thig liom rith,
bail dhona dar m'anam –
cineál báis.
Ní thig liom rith,
níl ionam ach leathdhuine.
Ní thig liom rith,
nílim ach ar éigean beo.
Ní thig liom rith,
is beag liom gach a bhféadaim
a dhéanamh.
Ní thig liom rith
go ceann scaithimh.
Cuirfead díom mo chuid peiríocha
i bPurgadóir an tsiúil,
in Ifreann na scíthe
nó go sroiche mé geataí na bhFlaitheas
de rite reaite.

Club Aclaíochta na Seamróige, Ráth Eanaigh

Is í an eacstais cúiteamh an reatha –
rithim aeistéitiúil ghrástúil, tuiscint ar áilleacht
ag guairdeall ar chuspa an tsárchéimnithe.
Díocas orainn ag iarraidh seanghaiscí a shárú –
níl gair ag tada ar mhúnlú sáriarrachta.
Ní rogha ar bith géilleadh d'iarracht leathbhruite.
Go cúthail leithscéalach, féachaimid le feabhsú,
bláth leochaileach pearsantachta in airde againn
d'fhonn deiseanna amú a tharrtháil
ó rachtanna tranglamánacha na hóige,
míshocair roimh dho-sheachantacht an mheatha,
sporrtha ag mian, creideamh, díograis,
ag áireamh laethanta ina rásaí,
ina seisiúin luais, chainníochta, cháilíochta,
ag fadú na dílseachta le linn na drochshíne
is na doininne.
Os cionn chrá na gcéadta pian, glór tiomantachta:
tar éis na mblianta ag múineadh
is ea a thuigim anois
gur tabhairt go bunúsach is ea an bhleannaíocht,
an fód a sheasamh in ainneoin an tsaoil,
daoine eile a shaighdeadh chun iarrachta ab fhearr ná aisling,
féinmhuinín, féinmheas, gnaíúlacht a chothú,
gaiscígh dhrogallacha a mhealladh chun iarrachta níos fearr,
fainicí a chur ar lucht an dóchais rómhóir
in aghaidh ró-iarrachta amaidí.
Gáire a spreagas bláthú na comhdhaonnachta –
éalaíonn an ghránnacht roimh a chaithréim bhuacach.
Claochlaítear an bheith in íobairt an reatha.

Dánta Deireanacha

Ag Gabháil faoi Lámh Easpaig do Shorcha

Siúlann Sorcha go soilseach aoibhinn
Promanáid shlánaitheach an Tiarna Íosa.
Iarraim uirthi an Spiorad a ghríosú:
Ola a ghrásta a dhoirteadh le caoine,
Rabharta an ghrá a chothú i ndaoine.
Ainmnítear Cairméal Méabh ar mhíne,
Deirfiúr don daibhir is don saibhir is do Chríost féin.

Nochtann gean is gaois as gníomh.
Airíonn cách an crá sa tslí.
Ordaíonn Dia an grá mar dhlí,
Maireann Sorcha dá réir le brí –
Hairicín féin ní chlaonfadh í.

IÓB Ó RUDAÍ

An Luan
Airím tréigthe ag gaolta is cairde is daoine saolta.
Tolltar craiceann is cnámh is réabtar cuas mo chroí
le saigheada focal fill is claonbhearta an chine éigiallta.
Ligim osna is fulaingím gearranáil gan bhrí.

An Mháirt
Is duairc an uair, is dubh an spéir is braithim i dteannta
ag laige shinseartha, ag randamacht saoil is ag mo stair
 féin.
Silim allas fola is tuigtear dom go bhfuilim feannta
is díbeartha as comhthionól is as caidreamh daoine, mo léan.

Céadaoin an Bhraith
Is mé Iúdás Isceiriót os íseal, is braithim cara is coimhthíoch
le tréas an fhocail chaoil in áit an mholta chóir.
Gaireann coiligh as éadan i gcaisín ciúin mo chroí
is seolaim síoraí go ciontach ciotach cásmhar chun bóthair.

Déardaoin Mandála
Éisteann fuíoll áir an Tíogair Cheiltigh Aifreann clainne
is smeartar criosma de chréacht an chine is guítear malairt
 bhisigh
is díontar sinn mar a dhíonfaí trodaí ar rinn na lainne.
Más fearr beart dá shuaraí ná briathar, is dona an sampla mise.

Aoine an Chéasta

Bogann mo pháis shuarach faoi scaladh ghrian an lae
is baintear díom béalbhach an tosta go siollaím paidir
    altaithe.
Crochaim cros chiotach mo chéasta in ainneoin na ré
a deir nach dochar do dhuine doicheall is croí calctha.

Satharn Cásca

Cartaim salachar as garraí is cartaim mo pheacaí féin
is umhlaím os íseal roimh Dhia dílis is roimh Mhac an Duine.
Scaipeann duairceas is díomhaointeas is leathann gean go tréan
is feacaim glúin ag bun na Croise i dteannta Mhuire.

Domhnach Cásca

Ministir drogallach Eocairiste de bhrí an bhirtín fill –
leagaim lón na beatha ar bhos úr is ar theanga chríon
is guím go bhfógraím Corp Chríost go hómósach múinte dil
dá dtagann i m'aice is go bhféachaim orthu go lách is go caoin.

Luan Cásca

Jim an tSaorsaigh i gcré na cille i dTigh Mo Chua
tar éis Aifrinn éagnairce chomóraidh i láthair clainne is pobail.
Gealann an Ghaeilge ghreanta aniar chugainn croí dá chrua,
cneasaíonn créachtaí is fásann cruithneacht in áit an chogail.

GEITSÉAMAINÍ AN LAE

Ungtar mé le luaith ag Aifreann thús an lae
is dírím ar nós mo leithéide eile ar dheireadh ré

Is admhaím cionta ar údar crá a líon gach lá.
Is caolaím i dtreo an chillín is fiafraím féin cén fáth

nach dán dom riamh an bua is an clú, an ghile is an báire
i leaba an chliste, an díomua, an scriosta is na náire.

Iosrael: An Talamh Naofa

Is fada mé ar an aistear seo:
bealach aistreánach an Chreidimh,
na polaitíochta is na sibhialtachta
á chur díom i ngan fhios, ionann is.

Ceiliúraim d'Éirinn i ndorchadas na moiche,
oilithreach anaithnid a cheangail le tréad
as Dún an Rí – Cabhánaigh i nDeoise na Mí!
Níl doicheall orthu roimh an gcaora fuaid.

Seanaithne agam faoin am seo ar Heathrow.
Braithim compordach in ardchathair na Ríochta
Aontaithe tar éis síoraíochta achrainn is áir.
Aithnímid daonnacht leochaileach a chéile.

In ainneoin ghéire na slándála éigeantaí,
titeann díom ualach teannais nuair a fhógraítear
ár n-eitilt go Tel Aviv is tugaim coiscéim chun cinn
ar bhealach an leasa ar toradh cóimheasa é.

Sroichimid doinsiún Chríost i meirbhe na maidine
is airím masla is airím táireadh is airím uirísliú.
Dúisíonn misneach nuair a shroichimid áit an tSuipéir
Dheireanaigh:
áit an chéad bhéile is córa a rá – bia na beatha idir fhuil is arán.

Leanaimid an Bealach Dólásach ar bholg lán
go sroichimid Cnoc Chalvaire de léim.
Ligimid i ndearmad míorúilt an chithréimigh in aice linne

is leagaimid lámh ar an leac lom ar leagadh a Cholainn
    Chré uirthi.
Caolaímid isteach sa Tuama inár nduine is inár nduine –
brúchtann mothúcháin is sileann deora áthais.
Siod é claochlú an domhain trí chéile –
d'aiséirigh Íosa ó mhairbh is shaor an cine.

Tugaimid aghaidh go díograiseach ar Bhalla Thiar
    an Teampaill.
Is mór idir timpeallacht shómhar ardealaíonta an bhóthair
is dearóile an Bhealaigh Dhólásaigh a chleachtas
    feadhain Íosa.
Siod é croí scólta Iosrael, uaill chráite an Ghiúdachais.

Is fada mo thriall ar an mballa seo, ar geata oscailte é
go dtí fréamhacha an Chreidimh seo againne.
Airím ag baile i measc na nGiúdach Ceartchreidmheach.
Is mór agam a ndíograis, a gcrá, a n-uabhar contráilte.

Cuirim orm le neart-teann ómóis caipín an
    Cheartchreidmhigh
is leagaim lámh go cráite ar Bhalla an Léin
    is scaoilim racht.
Beireann raibí ar ghuaillí orm is guíonn go díograiseach
ar mo shonsa, ar son mo mhná, mo theaghlaigh
    is mo chine.

Aontacht creidimh, aontacht sibhialtachtaí, aontacht
    dhaonna?
Is éard deir an Leabhar gur comhall conartha ár n-aontacht
    ar ball.

Iarrtar cúnamh do ghasúir bhochta, agus is suarach
    a scaraim leis.
Carthanas ina chomhartha creidimh i gcónaí riamh
    ag an uile aicme.

Is drogallaí mé ag gabháil faoi dhéin Yad Vashem.
Luíonn an tOll-sléacht mar bhró ar mo mhuineál Críostaí.
Feicim arís aghaidheanna scáfara Giúdach as cuimse
    a loisceadh.
Léim a dtuairisc chráite chásmhar i dtíortha
    an Domhain Thiar.

Cuirim iallach orm an uile chuntas a léamh is breathnú
    san uile éadan.
Siod aithrí phearsanta, aithrí cine, aithrí eaglaiseach, aithrí
    shíoraí.
Teithim ón taispeántas cumhachtach dofhulaingthe
    léanmhar seo
is aimsím tearmann i seomra toll crannmhar na sionagóige.

Caithim súil gheanúil ar Eabhrais an Bhíobla Naofa
is santaím léann raibí is léann sagairt in éineacht.
Ní mian liom scriosadh an tSean-Chonartha ach
    a chomhlíonadh.
Ba raibí Críost, is go bhfeictear ann comhlíonadh.

Triallaimid ó thuaidh go Beithil na breithe cinniúnaí
is tréigimid só Iarúsailéim i dteorainn léanmhar an dá chine.
Údar uafáis dearóile as cuimse áit dhúchasach Sheosaimh.
Sonann truamhéala na bhfear déirce bagrach in ainneoin
clingeadh cloig.

Deacair cosúlacht Chríost a aimsiú i súile mire
   na n-achainíoch,
Moslamaigh dhearóile ag reic íomhánna Críostaí le neart-
   teann riastartha.
Éalaímid uathu ar inn ar éigean, is fágtar sprios acu
   mar cheirín.
Ní léir aon léas dóchais in Ifreann seo na Palaistíne.

Éalaímid arís eile as caife brocach samhnasach
go sroichimid tír lom choimhthíoch mhisean Eoin Baiste.
Gaineamhlach dáiríre a roghnaigh sé mar fhearann
   aspalachta.
Feictear a neamhghéilliúlacht is a oidhe chradhscalach
   sa gcarraig lom.

Stánaimid trasna Ghleann Chiodrón agus airímid
   Íosa fánach
ag fálróid idir Garraí na nOlóg is an Teampall.
Feictear dúinn a chuid liopaí spallta, a chuid éadaigh
   thais is a chosa tuirseacha.
Cuirimid ár mion-mhíchompord faoi bhrí íobairt
   ár Slánaitheora.

Leagaimid lámh ar an seanchas – lorg coise Dheascabháil
   Ár dTiarna.
Ceiliúrtar Eocairist san áit ar chaoin Críost is maíonn gean
   gáire orainne!
Léimid Paidir an Tiarna i nGaeilge is i dteangacha
   an domhain

agus creathaimid i nGarraí Gheitséamainí in ainneoin
loscadh gréine.
Ceiliúraimid d'Iarúsailéim is tugaimid aghaidh
ar an Muir Mharbh.
Aimsímid an gaineamhlach scólta a thaithigh Eoin Baiste
is scrúdaímid áitreabh díseartach a chleacht cruas
is féindiúltú.
Meabhraíonn a dtiomantacht dá Leabhar féin tiomantacht
naomh in Éirinn.
Le moiche maidine Domhnaigh tugaimid aghaidh
ar Thibirias.
Fágaimid craga is cruas is gorta is easpa is aimsímid
an mhéithe
in abhantracht thorthúil shaibhir bheoga shárálainn
na hIordáine.
Dreapaimid go barr Shliabh Thábór go samhlaímid
Claochlú Ár dTiarna.

Tumtar daoine in uisce na hIordáine lena mbaisteadh
i gCríost.
Baineann an baisteadh croitheadh astu is gáir is deoir.
Is eol dúinn gur san abhainn chéanna a d'umhlaigh
Ár dTiarna
gur bhaist Eoin le huisce na beatha an Té a bhaist le fuil
a bheatha féin.

Titeann an oíche go héasca sa tír thaibhriúil seo
is gluaisimid faoi dhéin ár lóistín go meabhraímid an lá.
Siod é an áit ar mhúin Críost gurbh é a dhán an Chros.
Go dtoilímid anseo gurb é an Críost céanna ár ndán-na.

Téimid ar bord loinge ar nós Chríost is na nAspal

is i gciúnas an locha airímid Íosa ár mbrostú go lách

go rabhaimid inár naoimh is go háirithe inár n-iascairí
    ar dhaoine.

Glactar leis an gcuireadh os íseal is ligtear gáir os ard.

Tugann an mhaidin aoibhinn chomh fada le Nazarat muid

is ceiliúrtar an tAifreann binn san áit ar mhair an Teaghlach
    Naofa

is déantar teaghlach dínne, strainséirí, gan gaol fola
    ná cleamhnais

ach gaol an Chreidimh a shantaímid a neartú i dteach
    Ár dTiarna.

Tugaimid faoi Chána na Bainise, na chéad mhíorúilte,
    tar éis lóin.

Tá loinnir na geanmnaíochta, na háille, na naofachta ar fud
    na háite.

Déanaimid ár ngealltanais a athnuachan in áit seo an phósta
    shacraimintiúil

is geallaimid grá dár gcéile is grá dár gcomharsa is grá
    do Dhia.

Castar i dteach storrúil mháthair chéile Pheadair muid

is samhlaímid Íosa ar cuairt is samhlaímid dúshláin
    an phósta sin.

Críochnaíonn ár gcuairt Iosraelach mar is cóir sa tsionagóg.

Airímid achainí Chríost os cionn an challáin:
    go mb'aon iad.

Ar uair an mheáin oíche tugaimid aghaidh ar Thel Aviv
is caitear linn go cóir ag gabháil trí shlándáil is chustaim
is braithimid gur Giúdach, ar bhealach, an uile dhuine.
Imímid faoi shíocháin is go bhfana sí againn go brách.

29 Deireadh Fómhair 2009

BEINIDICT XVI

Beatha agus sláinte chugat as Éirinn na naomh
   is na n-ollamh!
Eachtraigh dúinn i dtaobh an Duine a d'éag go slánófaí
   an uile dhuine.
Inis do ghlúin na baoise cá bhfaightear gaois
   a bharrfadh Solamh.
Nár lige Dia go dtarlódh dúinn go seachnóimis
   cúram aoire ná buime
In iarracht fhánach gaisce an duine a chur san áit
   ar chóir an tuama folamh.
Deir an Leabhar go mb'fhearr do dhuine beatha shuthain
   seach ór na cruinne.
In Éirinn án is ar fud an domhain ní mór do dhaoine
   dúiseacht as codladh –
Ceacht a fhoghlaim faoi olc is mhaith sula bhfuaraí grian
   tar éis fuineadh.
Téimis uile i bpáirt is cuirimis cultúr na beatha in áit
   an doirte fola.

An Dara hAistear don Talamh Naofa

Éiríonn an báidín aeir go seolta is éiríonn mo chroí.
Gile na gréine os cionn na néalta – tuar sár-Réalta.
Leáitear díom seanualach teannais is ligim scíth
i bhfochair cairde is oilithreach groí is roinntear scéalta.

Cad chuige a dtugaim ruaig go cliabhán ár gcreidimh
    is ár gCríost?
Ar cúl é seo agam le hÉirinn spíonta fholamh?
Céard tá mé a thairiscint dár mbráithre is sine – iarracht
    den ghaois?
Más íocshláinte mise dóibh, an saothróidh siadsan talamh?

Gealann lá is gealann croíthe ag Loch na Gailíle –
misean Chríost an uile dhuine a thabhairt chun Dé.
Treabhaimid an Loch ár n-iascach féin go fíordháiríre –
comóradh na hEocairiste ar Chnoc na mBiáidí buaic an lae.

Sroichimid Tigh Pheadair is a mháthar céile ar leigheas Íosa í
is guímid sa tsionagóg is leanaimid go díograiseach den
    fhoghlaim.
Siod é an áit ar thúsaigh an scoilt idir Giúdach is Críostaí –
guímid go géar go leigheasfar lot is go bhfaighfear sólás.

Dreapaimid in airde go díograiseach is aimsímid láthair
    an Aistrithe.
Ag breathnú síos ar Harmagadón – is geall le Flaithis
an tír thorthúil ba bhealach do lucht ionsaithe is taistil.
Éistimid Aifreann is gearraimid comhartha Croise ar bhaithis.

Is muidne is túisce a shroicheas séipéal an phósta i gCána.

Ní ar lucht na bainise a dhírímid aird ach ar Nátán.

Dhíbir a mhuintir Críost mar a bheidís á saighdeadh
    ag Sátan.

Cuirfear os ard a ngníomh go dtaga bruinne an bhrátha.

Brisimid arán i dteas an lae i Nazarat naofa

is nochtar dúinn an saol a chleacht Íosa is a mhuintir.

Aimsímid scioból oibre Iósaf is an láthair fhaofa

ar thairngir Gaibriéil do Mhuire is an tobar a thaithigh
    a sinsir.

Triallaimid ó dheas go láthair bhaiste ar Abhainn
    na hIordáine

go nochtann romhainn Iarúsailéim i ngile dheas an lae.

Éistimid Aifreann san áit ar chaoin Críost go cráite.

Is brónach Garraí Gheitséamainí is *Póg Iúdáis*[1] na nGael.

Labhair Abrahám ár dtreoraí caoin ón gcroí go cráite

faoi chás a thíre is faoina stair sháruasal naofa.

Tuigimid dá chás is an tír seo againn féin leathbháite

faoi ualach achrainn is éigin a d'fhág ár mbarra sníofa.

Triallaimid ar Gharraí Gheitséamainí is airímid
    an tAifreann binn á rá

is dreapaimid suas go dtí Séipéal na Deascabhála go buach.

Casaimid Paidir an Tiarna i mBéarla is i nGaeilge go lách

is tugaimid aghaidh ar an bhfásach is ar áitreabh Eoin
    chruach.

---

[1] Péintéireacht a bhronn pobal Caitliceach na hÉireann ar an séipéal áitiúil.

Aimsímid uaimheanna sceirdiúla áit ar thúsaigh Eoin Baiste
misean nua a d'éiligh admháil peacaí is aithrí.
Anseo i lár an fhásaigh d'fhógair Eoin gur gaiste
an saol a mheallas daoine le dearmad a dhéanamh ar leasú.

Bainimid Beithil amach faoi theas damanta an lae
is nochtar dúinn an áit ar nocht na haingil iontas
d'aoirí caorach ar thaobh an tsléibhe gur rugadh leanbh
nár leanbh amháin ach Dia ina dhuine is ina Dhia go síoraí.
Bainimid Tántúr amach ar thaobh Iosrael den teorainn
is airímid faoi iarrachtaí éacúiméineacha, is iarrachtaí
    idir chreidimh.
Cloímid claontacht shaonta is easpa cothroim
    nach mian linn
a luafaí le lucht craobhscaoilte an Chreidimh sna laethanta
    deiridh.

Sroichimid Séipéal na Sciúrsála le haghaidh Aifrinn
    ar maidin
is aimsímid Linn Bhéatsáide is meabhraímid míorúiltí
    Chríost.
Siúlaimid an Bealach Dólásach le súil is go ndéana sé maith
    dúinn –
Séipéal an Tuama Naofa is Balla an Chaointe ár gcríoch.

Macalla ghlao an choiligh inár gcluasa inniu go láidir.
Umhlaímid ag Tuama Dháiví is sroichimid an Seomra
    Uachtair
is Séipéal na Deastógála go dtugaimid ómós dár Máthair.
Taobhaímid áit beirthe Eoin Baiste is Séipéal na Cuarta.

Tréigimid Óstán na Cúirte Móire is sroichimid Eamáús
go roinnimid Eocairist san áit ar cheiliúir Críost an tAifreann.
Sroichimid séipéal a suitear Muire os cionn na hÁirce
Is caithimid coraintín gearr i meal a chlaochlaítear ina aireagal.

Ceiliúraimid go drogallach de Thel Aviv is de ghnaíúlacht
     Giúdach.
Is dona linn imeacht, is tréigean fhoinse ár gcreidimh shinsir.
Le glaine inár gcroí, le neart inár lámh, airímid buach
is fillimid ar Éirinn Ógh is ar bheart de réir an Bhriathair.

Is é an Meisias án amháin, dar linn, an Té a tháinig
is an Té a shéantar ag Geata Órga an Teampaill.
Leagamar lámh le mórtas ar Bhalla Thiar an Teampaill
is shámar achainíocha ina liacht sin scoilt ar feadh an bhalla.

Soilsítear dúinn de shíor Sean-Reacht, Sean-Tiomna, Sean-
     Chonradh
á gclaochlú de dheonú Dé is de thoradh cuartú is cartadh.
Nochtann dúinne Nua-Reacht, Nua-Thiomna is Nua-
     Chonradh ccannais
de dheonú Dé, is le neart-teann marana, guí is paidre.

Luaim le chéile foclóir ársa ár gcomhluadair Ghaelaigh:
teach, teampall, cill, séipéal, aireagal, eaglais.
Go n-iompaí an uile shionagóg is mhosc chugainn
     in éineacht
is go ndéana an tAon Dia amháin aon – in féin go brách.

Meitheamh 2010

TÚS NUA

Caithim díom go dóchasach gruaim gach cúraim
is cothaím aoibh liom féin is leis an saol.
Maithim dóibh siúd ar feasach mé a bhfeall
is go maithe Dia domsa mo bhearta fill.
Ligim fead aiteasach is deilbhím urlabhra nua i gcruth
    mo dháin.

Gealann lá is gealaim féin is gealann croí an chine
is leánn gach doicheall, spídiúlacht, éad, faltanas,
    olc is gangaid
faoi anáil dhearfach thruaíoch na dáimhe nua.
Chím feasta íomhá Dé san uile dhuine ón leainbhín óg
    go dtí an té is sine.
Déanaim cás le seang nach saor is gairdeas gasta le sách
is sínim gan dealú lámh an chúnaimh chuig bantracht
    is fearantas.

Bailím giobail mo staire suaraí is cuirim ar tuar iad
    gan cás gan náire
le súil go bhfadaítear dé an dóchais i gcroí scólta
    an dara duine.
Fadaím spré na foighne go neartaí ina caoinfhulaingt
    chumhachtach
a bháfas gach tarcaisne, masla is céim síos, gan bagairt,
    achrann ná stró.

Seo í mo cháisc chiúin tar éis throscadh is thréanas
    na mblianta scáfara
i ngarraí imní, neirbhíse is uafáis ag ráite is bearta claona.

Éirím, ní hea ó mhairbh, ach as leaba chróilí na náire is
    an éagumais
go dtugaim dúshlán gach deacrachta, peannaide,
    gáibh is anró
le díocas an té a gcorródh a chreideamh cnoc is binn
    is sliabh.

Tógtar sibhialtacht os íseal ar bhunsraith na pearsan is mise
is fáisctear athnuachan as sciúradh agus sciomradh na cré
    is sinne.
Ní hí an cholainn chlaon mo dhóchas ach grásta Mhac
    an Duine –
go sábháiltear sinn ar shíoraíocht de phianta is go dtógtar
    ail in úir.

Scairteann grian an earraigh ar mhionmhíorúiltí
    na cruinne cé
is altaím teacht aniar an duine faoi choimirce Dé
    agus Mhuire.
Seachnaím duairceas is féachaim feasta ar an taobh is gile.

Sporaim mé féin chun amhráin, chun ceoil, chun damhsa
    is caidrimh
is beirim barróg ar an saol in ainneoin náire is gháire
    an fheallaire.
Fágaim slán ag doicheall is leisce is fáiltím roimh
    thús ré nua:
Claochlaítear cás is crá is créacht is goin is lot is doilíos
ina ngile án, is tairgtear sin do chlann an donais
is le neart-teann trua faoistine comhairtear iadsan ar chlann
    an tsolais.

Damien Ó Muirí

Dothuigthe do lucht an tsotail d'umhlaíocht shíor.
Aduain leatsa a mbéasa borba siúd.
Máistir fíor thú ar chúirtéis, ar chóir, ar chineáltas.
Iarracht ar naofacht do chleacht gach uile lá.
Eanach na falsachta is na slusaíochta níor shloig thú.
Neach de Chlann an tSolais thú is dual ar dheaslámh Dé.

Ó d'fhág tú broinn do mháthar shantaigh tú an cosán caol.

Marana fhada a chleachtais ar chrosa is ar chaime
   an tsaoil seo.
Uaisle ag sní as do bhéal beannaithe, do shúil nár shantach,
   do lámh chúnta.
Iarracht shíor ar fhóirithint, ar thrua, ar dháimh,
   ar thuiscint d'iompar.
Rith chun Dé do shaol, do mhaireachtáil ar fad.
Íosa, a Athair is an Spiorad Naomh i d'fhochair go broinne
   an bhrátha.

Lá Fhéile Stiofáin, 26 Nollaig 2010

Cuairteoir Cásca

Éilímis grásta Mhac Dé dá chéile –
Insímis don domhan mór faoi iontas a bhéile.
Lasaimis coinneal na féile gan géilleadh
In iarracht dóchais is creidimh is céille –
Seasaimis gualainn ar ghualainn le chéile.

An Eocairist

I gcomaoin le Críost
agus i gcomaoin lena Chéile

Eochair na fuascailte is eochair na bhFlaitheas dúinn uile –
Ortha an tslánaithe is ortha an aoibhnis don chine –
Caidreamh is comhluadar Críostaithe le Dia is le chéile –
Admhaíonn ár gcreideamh athrú an Aráin is an Fhíona –
Itear an tArán is leigheastar anamacha tinne –
Rith chun Dé ár rith de shíor is choíche –
Iontach linn teacht Chríost, bás Chríost, Aiséirí Chríost –
Sólás dúinne lón ár n-anama a roinnt –
Teachtaireacht shlánaitheach Íosa ár n-oidhreacht is ár
ríocht.

Lá Fhéile Muire 2012

CEITHRE SHACRAIMINT

BAISTEADH

Bráithre is siúracha le Críost muid
Ar bhealach an tsaoil chun Dé –
Iarrachtaí síoraí Críost a leanacht –
Seirbhís a thabhairt do chlann, do chairde is do strainséirí.
Teaghlach aontaithe in ainm an Athar, an Mhic is
an Spioraid Naoimh.
Eaglais, cruinniú, comhluadar, dáil – ceangal eadrainn
go héag.
Ardaímis ár nglór in iomann molta do Dhia na glóire,
dá Mhac is dá Mháthair –
Doirse na bhFlaitheas go n-osclaítear romhainn!
Hóra, a dhuine, is é ungadh an bhaiste an t-ungadh slán.

braon uisce ar m'éadan –
cuirtear mé ar staid na ngrást –
gáireann Muire is Críost ar Neamh!

FAOISTIN

Fágaim uabhar is sotal is leisce is faitíos, is feacaim glúin
    go réidh –
Aithrí umhal le súil go nglanfar smál an pheaca is
    go mbeidh mé glan –
Osclaítear mo chroí le toil na nGrást is siúladh Íosa
    gan drogall isteach.
Iarraim ar Dhia is ar Mhuire mé a chumhdach,
    is nár thé mé ar strae.
Saoirse ón bpeaca an duais a shantaím is i ndaoirse an oilc
    nár thé mé arís!
Taithím daoine a chleachtas an fhírinne is seachnaím
    daoine a chothódh feall –
Insím nithe is mian liom a cheilt is scairteann grian
    na nGrást ar ball –
Neadaím go teolaí i mbaclainn Íosa a ghlanas go sásta
    peacaí an tsaoil.

insím mo pheacaí –
maitheann Dia dom iad –
binn a ghlór i mbéal sagairt!

COMAOINEACH

Creidim i nDia, ceiliúraim Comaoineach na hEaglaise,
    géillim don athrú gné –
Onóir, pribhléid teacht ár nDé faoi ghné an Fhíona
    is faoi ghné an Aráin.
Mairtírigh naofa os ard is os íseal – beathaíodh íobairt
    an Aifrinn a n-iarracht –
Arán na Beatha a thugtar dúinn is Fíon a mhúchas tart
    de shíor.
Ordú Chríost an Suipéar Deireanach a chleachtadh
    i gcuimhne air féin go deireadh ré,
In aithris ar fhuascailt an chine as príosún an pheaca
    ag Grian rí-gheal na Cille.
Neadaíodh Críost i mo chroí agus nochtaim creideamh
    i bhfocal is i ngníomh –
Eaglais Dé mo mhian, mo thearmann, a fháiltíos roimh
    an uile dhuine.
Ar son na córa is ceart dúinn saothrú is gníomhú ar ndóigh
    ar son na beatha –
Creidim sin is guím go n-éirí liomsa soiscéal Chríost
    a leathnú.
Hallaí bána na bhFlaitheas, taitheoidh comaoineoirí
    go brách na breithe.

Blais fíon is arán –
lón na beatha síoraí agat –
bás níl ann ach athrú saoil!

Ceiliúraimid teacht an Spioraid Naoimh ár líonadh féin
    le grásta Dé.
Ólaimid fíon na beatha is ithimid arán laethúil
    is déanaimid guí.
Inniu a dhearbhaímid Creideamh Chríost a bronnadh
    orainn i dtús ár ré
Nuair a doirteadh orainn uisce an bhaiste i láthair tuistí
    is cairde as Críost.
Earra luachmhar grásta Dé – nár scara muid uaidh is nár
    thé muid ar strae.
Aifreann a éisteacht an cothú is fearr leis an ngrásta
    a neartú anois is choíche.
Rí na Ríthe Críost Mac Dé, go leathnaí a fhocal is ná tugtar
    air bréag!
Turas na Croise i gcaitheamh ár saoil – go mbronntar
    orainn an tAiséirí is glóir na Ríochta.
Údar dóchais geallúint Chríost – beidh an Spiorad go deo
    leis na fíréin.

d'éirigh Críost ón mbás
chuir chugainn an Spiorad Naomh –
misnítear sinne!

IARFHOCAL – SÉAMAS DE BARRA

I mí Dheireadh Fómhair na bliana 1970 thosaigh mé féin agus Ciarán Ó Coigligh ar chúrsa na Céime Baitsiléireachta ar Choláiste Ollscoile Bhaile Átha Cliath in Belfield. Ba iad an Nua-Ghaeilge, an Spáinnis, agus an Mhatamaitic, na hábhair agamsa sa Chéad Bhliain; agus ba iad an Nua-Ghaeilge, an Béarla, agus an Stair, na hábhair ag Ciarán. Céim onóracha a bhí ón mbeirt againn, agus bhí timpeall le 100 mac léinn sa Chéad Bhliain den chúrsa Gaeilge Onóracha. Ní raibh ach timpeall le 15 dhuine sa Dara Bliain den chúrsa céanna. Bhí mise gníomhach sa Chumann Gaelach, sa Chumann Liteartha, agus i gCumann na Spáinnise le linn an chúrsa sin. Bhí Ciarán gníomhach sa Chumann Gaelach. Bhíodh sé ag amhrán ar ócáidí sóisialta an Chumainn. Bhí sé gníomhach sa Chumann Liteartha chomh maith, agus thug tamall ina Chisteoir ag an gCumann seo. Mar sin féin níor chuir mise aithne cheart airsean go dtí an Dara Bliain.

Faoin Dara Téarma den Dara Bliain bhí faighte amach agamsa nach amháin go raibh Ciarán ag tacú le feachtas na mac léinn Nua-Ghaeilge an bhliain sin chun gur as Nua-Ghaeilge a mhúinfí an tSean-Ghaeilge dúinn, ach go raibh eolas thar an gcoitiantacht aigesean ar an teanga bheo, agus ar Ghaeilge Ros Muc go háirithe. Ba é an tOllamh de Bhaldraithe a bhí i mbun an ranga teagaisc sa Dara Téarma den Dara Bliain. Cuid mhór den rang teagaisc sin ba ea an t-aistriúchán. Is amhlaidh a bhíodh sliocht Béarla le haistriú go Gaeilge gach uile sheachtain. Bhí abairt mar seo le haistriú i sliocht amháin díobh sin: *such-and-such must pay the piper*. Rinneamar go léir iarracht air sin a aistriú, ach ba é an t-aistriúchán ag Ciarán Ó Coigligh ba mhó ar thóg de Bhaldraithe ceann dó: 'is é X a íocfas an reicneáil.' Bhí, agus tá, ard-dúil ag Ciarán sna sean-amhráin, agus táimse réasúnta cinnte de gur as 'Bean an Leanna' a thóg Ciarán an leagan sin, ceann d'amhráin mhóra Joe Éinniú. Arsa de Bhaldraithe leis an gcuid eile againn: 'dá mbeadh na sean-amhráin agaibh, bheadh Gaeilge agaibh.' Thug de Bhaldraithe aistriúchán eile dúinne an lá sin ar *to pay the piper*, i.e. 'an téiléaracht a íoc'. Ar ndóigh bhí na sean-amhráin ag Ciarán. Ar feadh na mblianta ina dhiaidh sin gach uile uair dá gcastaí ar a chéile i gClub an Chonartha mé féin, Ciarán, agus cairde dúinn beirt ón gColáiste Ollscoile, chrochadh Ciarán suas sean-amhrán. Mar a déarfadh Máirtín Ó Cadhain *Chré na Cille*, tá 'saol agus aimsir' ó dúirt Ciarán sean-amhrán as a chéile i m'éisteachtsa. D'imigh sin agus tháinig seo.

Ag Muintir Chaitlín Maude a bhíodh Ciarán ag fanacht i Ros Muc, agus is sa chomharsanacht sin a d'fhoghlaim sé cuid mhaith de na sean-amhráin gan dabht.

Dúirt de Bhaldraithe leis an rang sa Tríú Bliain go gcaithfeadh an rang go léir cúrsa foghraíochta a dhéanamh. Ba é Risteard B. Breatnach, Léachtóir an Choláiste le Foghraíocht, a thug an cúrsa foghraíochta. Ag Roinn na Teangeolaíochta a bhí an Breatnach ag obair, ach scoláire Nua-Ghaeilge ba ea go bunúsach é, agus bhí sé ar dhuine de na húdair ba mhó ar Ghaeilge na nDéise lena linn. Údar ar Bhéarla na hÉireann ba ea chomh maith é. As Béarla a thugadh an Breatnach an léacht, ach Gaeilge ba ghnách leis a labhairt liomsa agus le Ciarán tar éis an ranga, agus aon uair a chastaí ar a chéile sinn in aon pháirt eile den Choláiste. Bhí an-mheas ag an mBreatnach ar Chiarán. Fear ollscoile eile ar tháinig Ciarán go mór faoina anáil ba ea an tOllamh Tomás Ó Con Cheanainn, an tOllamh le Gaeilge Chlasaiceach lenár linn-ne i Roinn na Nua-Ghaeilge de Choláiste Ollscoile Bhaile Átha Cliath. Chuir an tOllamh Ó Con Cheanainn an-mhisneach ar Chiarán le linn do Chiarán a bheith ag gabháil don tráchtas máistreachta ar fhilíocht Antaine Raiftearaí. Maireann an tOllamh Ó Con Cheanainn, agus gura fada buan é. An tAth. Dunning SJ, Rory McTurk, Alan Bliss, Terry Dolan, Lucy Mitchell, Derek Brittain agus Jim O'Malley na léachtóirí Béarla a chuaigh i gcion ar Chiarán. Chuaigh Fergus D'Arcy ó Roinn na Staire i gcion chomh maith air.

Bhí mé féin agus Rhóda Ní Chiaráin [Uí Chonaire] ar na chéad mhic léinn ó Roinn na Nua-Ghaeilge ar Choláiste Ollscoile Bhaile Átha Cliath ar bhronn Roinn Bhéaloideas Éireann den Choláiste sin scoláireacht orthu. Sa bhliain 1973-74 é sin. Bhí Ciarán sna sála againn nuair a d'éirigh leis-sean filleadh ar an gColáiste tar éis coraintín a thabhairt ag teacht chuige féin ó andúil i ndrugaí. An scoláire béaloidis, Seán Ó Súilleabháin, thug sé bunchúrsa dom féin agus do Rhóda ar an mbéaloideas an bhliain sin. Foilsíodh aistriúchán Béarla ar *Scéalta Cráibhtheacha* i dtosach 2012. B'in cnuasach a rinne Seán de scéalta cráifeacha na Gaeilge. Sa bhliain 1974, tar éis dom féin céim mháistreachta sa Nua-Ghaeilge a bhaint amach ar éigean, fuair mé post i m'Eagarthóir Cúnta sa Ghúm, agus bhí mé sa phost sin go dtí Márta 2007 nuair a d'aistrigh mé go dtí Rannóg an Aistriúcháin mar a bhfuilim ag obair ó shin. Bhí mé ar Fhoireann *Foclóir Gaeilge-Béarla* sna blianta 1975-1978, agus bhí mé ar Fhochoiste an *Chaighdeáin Oifigiúil* ó 1978-1981. B'in iad na blianta 1975-1981 ba mhó a thaitin liom i mo shaol oibre go dtí seo.

Ba iad an dá bhua ag Ciarán ar thóg mise ceann ó thús dóibh feabhas a chuid eolais ar theanga bheo na Gaeilge, agus é a bheith dílis macánta. Ghlac Ciarán páirt an-ghníomhach sa Phoblachtachas Sóisialach i ndeireadh bhlianta 1960. Bhí andúil san alcól agus i ndrugaí eile aige, agus ní raibh sé ag cleachtadh an Chreidimh Chaitlicigh sna blianta sin. Ar a shon sin is uile, deir sé féin liom, ainneoin é a bheith ar strae go mór, gur ghlac sé leis go raibh sé á iompar féin go mímhorálta – ní mar a chéile agus cuid mhaith d'aos óg na linne seo ar saol drabhlásach a bhíonn á chaitheamh acu. Tá Ciarán an-bhuíoch den scoláire Gaeilge, an Dr Breandán Ó Madagáin, as a Chríostúla a chaith Breandán leis agus Ciarán ar an bhfaraor.

Pé scéal é d'éirigh le Ciarán mórthráchtas máistreachta ar fhilíocht Antaine Raiftearaí a chríochnú, agus b'in é a chinntigh gurbh é bóthar na hacadúlachta a ghabhfadh sé an chuid eile dá shaol go dtí seo. Chaith Ciarán tamall ar fhoireann Roinn na Nua-Ghaeilge ar Choláiste Ollscoile na Gaillimhe, agus ar fhoireann Roinn na Nua-Ghaeilge de Choláiste Ollscoile Bhaile Átha Cliath. Sa deireadh chuir sé isteach ar phost Léachtóra i Roinn na Gaeilge de Choláiste Phádraig Dhroim Conrach, agus is sa Roinn sin atá sé ag obair ó shin.

I gcaitheamh na mblianta sin ar fad bhí an-chaidreamh ag an mbeirt againne ar a chéile, agus is beag leabhar le Ciarán a foilsíodh ná gur iarr sé ormsa léitheoireacht phrofaí a dhéanamh air — agus foilsíodh maidhm Éireann leabhar le Ciarán. Shaothraigh Ciarán eagrán d'fhilíocht Phádraig Mhic Phiarais, agus eagrán d'fhilíocht Chaitlín Maude. Bhain sé dochtúireacht le Nua-Ghaeilge amach. Ba é ábhar na dochtúireachta ainmneacha daoine agus logainmneacha Inis

Meáin, an t-oileán arb as a bhean chéile, Máirín. Ba é an tOllamh Máirtín Ó Murchú a bhí ina chomhairleoir ar Chiarán le linn do Chiarán a bheith ag gabháil don dochtúireacht. Rinne Ciarán eagráin de shaothair aistriúcháin an Mhoinsíneora Pádraig de Brún, uncail don bhanfhile agus don phrósaire, Máire Mhac an tSaoi. Foilsíodh leabhair filíochta, úrscéalta, drámaí, agus amhráin le Ciarán. Le blianta gearra déanacha chuir sé aistriúchán Gaeilge ar fáil d'fhilíocht an Phápa Eoin Pól II. D'eagraigh Ciarán comhdháil i gColáiste Phádraig ar oidhreacht an Phápa Eoin Pól II, agus foilsíodh páipéir na Comhdhála sin ní fada ó shin.

Bhí fonn ar Chiarán riamh bean ón nGaeltacht, nó bean a mbeadh Gaeilge den scoth aici, a phósadh, agus gur le Gaeilge a thógfaidís a gclann. D'éirigh leis an bhean sin a fháil, Máirín, cé gur thóg sé na blianta air teacht uirthi. Scar Máirín leis an chéad duine clainne, agus ghoill sin go mór orthu beirt, ach saolaíodh triúr muirir ina dhiaidh sin dóibh, Úna, Sorcha, agus Cóilín.

Ní raibh de thaibhreamh agam féin ó bhí mé 13 bliana ach a bheith i mo shagart. Dhá mhór-iarracht a rinne mé air sin, ach níor éirigh liom. Toil Dé go ndéantar.

Márta 11, 1975, tharla rud a bhí míorúilteach, geall leis de. Thug Ciarán suas an t-ól, agus na drugaí eile. Thóg sé tamall air, ach de réir a chéile, d'fhill sé ar chleachtadh an Chreidimh Chaitlicigh. Ghabh sé leis na gluaiseachtaí i leith na mbeo agus an teaghlaigh a bhí ag teacht chun cinn in Éirinn sna blianta sin, agus ghlac sé páirt ghníomhach i ngach uile reifreann i dtaobh na mbeo agus an phósta ó shin. Is minic leis a bheith ina urlabhraí Gaeilge ag na gluaiseachtaí sin ar an raidió agus ar an teilifís. Thréig an-chuid dá sheanchairde é mar gur fhill sé ar chleachtadh an Chreidimh, agus mar gheall ar an seasamh a thóg sé ar na ceisteanna conspóideacha sin.

Agus Ciarán ag gabháil d'fhilíocht Raiftearaí, chuaigh sé i gcion go mór air a Chaitlicí atá filíocht Raiftearaí. Deir Ciarán gurbh é an Pápa Eoin Pól II ba mhó faoi deara an t-athrú aigne a theacht air féin i gcúrsaí creidimh agus moráltachta. Tá lúcháir ar Chiarán go bhfuil Eoin Pól II ainmnithe ina bhiáideach. Faoi mar atá ráite agam, tá leagan Gaeilge curtha ar fáil ag Ciarán d'fhilíocht Eoin Pól II, agus an Réamhrá a chuir Ciarán leis an leabhar sin, ní hamháin go dtugann sé an-léargas ar shaol Eoin Pól II, ach tugann an-léargas leis ar an meas go léir atá ag Ciarán air. Chuaigh Litir Eoin Pól II go dtí na hEalaíontóirí (1999) i bhfeidhm go mór ar Chiarán, agus tá a chuid féin déanta aige di. Cuireann sé iontas ar Chiarán a laghad meas atá ag scoláirí áirithe litríochta ar an litir sin.

Ó chuir mise aithne ar Chiarán beagnach 42 bhliain ó shin tá sé ag fulaingt leis an ngalar dubhach, an dúlagar trom. Níor mhaith le daoine a admháil sa seansaol go raibh galar den saghas sin orthu féin, ná ar aon duine dár bhain leo. Ach ní bhíonn a oiread leisce ar dhaoine sa lá atá inniu ann a admháil go bhfuil a leithéid orthu féin nó ar ghaolta dóibh, agus tá a chuma air gur mó an tuiscint a bhíonn inniu do dhaoine a bhíonn ag fulaingt leis. Más fíor dár seanchara, an scoláire béaloidis, Dáithí Ó hÓgáin, trócaire air, ba é tuiscint na sean-Ghael go bhfuil baint ag an bhfilíocht agus ag an mbuile le chéile. Ar a shon sin is uile, is dócha nach gcaithfidh duine máchail a bheith air chun a bheith ina fhile! Ní ón ngaoth a thóg Ciarán an fiántas agus é óg. Athair a athar, bhí teach tábhairne i bPailís Ghréine, sa Taobh Thoir de Cho. Luimnigh aige, agus mar a deir siad faoin tír: 'd'ól sé an teach tábhairne.' Is minic mar sin gur rud oidhreachta is ea máchail a bheith ar dhuine.

Is iontach ar fad an méid atá curtha i gcrích ag Ciarán, ainneoin na rudaí go léir a bhí, agus atá, ag gabháil dá maidí.

An Fhilíocht

Tá an Chríostaíocht in Éirinn le breis is 1500 bliain. Dá réir sin ní haon iontas a oiread sin filíochta diaga a bheith scríofa ag filí na hÉireann. Ach ar chúiseanna go leor tá muintir na hÉireann lenár linn féin éirithe fuar ina gcreideamh, agus is ábhar iontais agus nuachta in Éirinn an lae inniu duine ar bith a scríobh filíocht dhiaga.

Agus mise i m'fhear óg bhíodh an-mheas i saol na Gaeilge ar an triúr filí Máirtín Ó Direáin, Seán Ó Ríordáin, agus Máire Mhac an tSaoi. Léachtóir i Roinn na Nua-Ghaeilge ar Choláiste Ollscoile Bhaile Átha Cliath lenár linn-ne, Eoghan Ó hAnluain, shaothraigh sé le chéile filíocht Mháirtín Uí Dhireáin. Cailleadh Eoghan cúpla mí ó shin, beannacht Dé lena anam, agus chuaigh mé féin agus Ciarán ina shochraid. Tá Ciarán an bhuíoch d'Eoghan as é a oiliúint ar an nualitríocht, ar an bhfilíocht go háirithe; agus é sin ainneoin gur tháinig sé sa saol go raibh Ciarán ag easaontú an-mhór le hEoghan i dtaobh na litríochta agus i dtaobh an tsaoil, mar a bhí mé féin.

Ba mhór i gceist i dtosach bhlianta 1970 i Roinn na Nua-Ghaeilge agus i Roinn an Bhéarla de Choláiste Ollscoile Bhaile Átha Cliath *Practical Criticism* I. A. Richards. Ba mhór i gceist leis smaointeoireacht a bhfuil gaol gairid aici le teagasc Richards, is é sin teagasc an léirmheastóra Frank Raymond Leavis. Tugann C. S. Lewis cúpla péac in *An Experiment in Criticism* (Cambridge 1961) faoi Leavis, i gCaibidil VIII, '*On Misreading by the Literary*', agus i gCaibidil XI, '*The Experiment*'. Is ábhar spéise is ea é gur Phrotastúnach agus iar-mhac léinn de chuid Mháirtín Uí Chadhain ar Choláiste na Tríonóide, an Dr Alan Harrison, beannacht Dé lena anam, an ball d'fhoireann Roinn na Nua-Ghaeilge lenár linn-ne, a mhol dúinn leabhar Lewis a léamh, cé nárbh é príomhchúram Alan a bheith ag léachtóireacht ar an nualitríocht. Is suaithinseach an rud é a ghaireacht atá teoir C. S. Lewis do phraitic an Dr Tomás de Bhaldraithe féin, arbh í malairt an chur chuige ag Eoghan Ó hAnluain go glan í:

> At the top comes Dryasdust. Obviously I have owed, and must continue to owe, far more to editors, textual critics, commentators, and lexicographers than to anyone else. Find out what the author actually wrote and what the hard words meant and what the allusions were to, and you have done far more for me than a hundred new interpretations or assessments could ever do.

'The Experiment', Caibidil XI, *An Experiment in Criticism* (Cambridge 1961) 121.

Deir cara ó Shasana liom go dtuigtear do Chaitlicigh ansiúd gur ina Chaitliceach a fuair Lewis bás. De réir mar a bhí Ciarán ag dul san aois is ea is mó a bhí sé ag dul i leith na smaointeoireachta clasaicí ar an litríocht agus ar an bhfilíocht. Dúirt T. S. Eliot san aiste sin leis '*The Music of Poetry* (1942)': '*no verse is free for the poet who really wants to do a good job*'. Ba é an cur síos ag Eliot air féin in 1928 sa réamhrá aige le *For Lancelot Andrewes*: '*classicist in literature, royalist in politics, and anglo-catholic in religion.'* Thréig Eliot a chúlra Úinitéireach Meiriceánach nuair a rinne sé Sasanach de féin, agus bhraith an léirmheastóir F. R. Leavis go raibh saorgacht ag baint leis an mbóthar a ghabh Eliot ar é sin a dhéanamh. I gcás Chiaráin Uí Choigligh ní raibh sé ach ag filleadh ar a 'thigh is a threabh', mar a déarfadh Seán Ó Ríordáin: 'ní dual do neach a thigh ná a threabh a thréigean' ['Fill Arís', *Brosna* (1964): Sean Ó Coileáin *Seán Ó Ríordáin Na Dánta* (2011) 154]. Chuirfeadh Eliot na buachaillí bó sna seanscannáin i gcuimhne do dhuine ar shlí. Nuair a thugaidís suas an saol drabhlásach fiáin a bhídís a chaitheamh *'they would git religion.'* Bhí léim na gcéadta bliain le tabhairt ag Eliot; ní raibh léim glúine féin le tabhairt ag Ciarán i gCillín a Díoma, sa Taobh Thoir de Cho. na Gaillimhe, chun go bhfillfeadh seisean ar a dhúchas. Is as Cillín a Díoma máthair Chiaráin.

Dá Angla-Chaitlicí é an tAnglacánach, is ag brath ar a bhreithiúnas príobháideach féin a bhíonn sé. Cé go gcaithfidh an Caitliceach Rómhánach déanamh de réir bhreithiúnas cinnte a choinsiasa, caithfidh sé chomh maith glacadh le hÚdarás Teagaisc na hEaglaise a oiread agus is féidir é. Tarlaíonn uaireanta go ndiúltaíonn duine ó chúlra Caitliceach Rómhánach d'Údarás Teagaisc na hEaglaise. Mura lena chiontacht féin atá a choinsias earráideach, ní bheidh aon chiontacht shuibiachtúil dá chionn sin air. Cuid mhaith easaontóirí ó chúlra Caitliceach Rómhánach sa lá atá inniu ann, ní oireann dóibh glacadh leis go gcuireann siad coinnealbhá orthu féin nuair a dhiúltaíonn siad glacadh le teagasc barántúil na hEaglaise, bíodh an teagasc sin deifnídeach nó ná bíodh.

Tá a fhios againn gur mar gheall ar an údarás atá a lán Protastúnach ag iompú ina gCaitlicigh Rómhánacha i láthair na huaire. Faigheann siad bréan bailithe de gach uile mhinistir a bheith ina Phápa. Tuigeann siad gurbh é guí Chríost féin go mbeadh aontacht ann.

Sin é an cúl go díreach atá le hiompú Chiaráin féin ar ais ina Chaitliceach Rómhánach. Níorbh fhéidir don iompú sin gan a thuiscint ar chúrsaí litríochta agus cruthaitheachta a athrú ó bhonn chomh maith, sa chás go bhfuil diúltaithe an-mhór aige don tsuibiachtúlacht iar-Phrotastúnach a bhí in uachtar i Roinn an Bhéarla lena linn féin ar Choláiste Ollscoile Bhaile Átha Cliath, agus i smaointeoireacht Eoghain Uí Anluain agus Bhreandáin Uí Bhuachalla, trócaire orthu beirt, i dtaobh na litríochta agus na léirmheastóireachta. Tuigeann Ciarán, mar a thuig Jacques Maritain, údar na sraithe Béarla, *Creative Intuition in Art and Poetry*, nach leis an indibhidiúlacht go háirithe a bhaineann an chruthaitheacht, ach leis an bpearsantacht, is í sin an chuid den duine is inroinnte lena chomhdhaoine; agus gurb í an chiall don chomhnádúr is bun leis an éirim chruthaitheach. Dar le Maritain, ní dhearna T. S. Eliot san aiste sin leis '*Tradition and the Individual Talent*' idirdhealú soiléir ar an indibhidiúlacht agus ar an bpearsantacht [Jacque Maritain, *Creative Intuition in Art and Poet* (1953) lch 313, Iarnóta 19]. Is fada atá Ciarán tugtha don traidisiún i gcúrsaí filíochta. Thóg sé an-cheann, óg ina shaol, do mheadarachtaí aiceanta na sean-amhrán, agus d'fhilíocht Raiftearaí, cuir i gcás. Fágann sin gur mó i bhfad an saibhreas a bhfuil tarraingt aige air agus é ag dul i mbun filíocht a chumadh ná atá ag an-chuid d'fhilí an lae inniu. Braithim féin go mb'fhéidir go dtéann an luí sin leis an traidisiún i gcion chomh maith ar fhilí ar aindiachaithe is ea iad. Cuir i gcás, Somhairle Mac

Gill-Eain, an file Gaelach is fearr, pé acu in Albain nó in Éirinn é, leis na céadta bliain, i mo thuairimse. Is cinnte gurb é 'Hallaig' an dán is fearr ar fad ag Somhairle. Dán is ea é i dtaobh baile a tréigeadh ar an oileán ar tógadh é féin air, Ratharsair. Ainneoin gan géilleadh a bheith ag Somhairle do chreideamh ar bith ó bhí sé 12 bhliain d'aois, agus é a bheith ina Chumannaí ó bhí sé ina fhear óg, tá an dán sin ar cheann de na dánta is Caitlicí dár scríobhadh sa Ghàidhlig ná sa Ghaeilge leis na céadta bliain, gan aon rud a chur chuige ach a chuid meitifisice.

Deir Ciarán go raibh buanna móra cruthaitheachta ag an bhfile Gaeilge, Seán Ó Ríordáin. Tuigeadh scaitheamh do Chiarán gurbh fhearr d'fhile Seán Ó Ríordáin ná Máirtín Ó Direáin, ná Máire Mhac an tSaoi. Ach ar a shon sin is uile, tá lochtanna go leor ag Ciarán ar Ó Ríordáin, mar is léir ar an léirmheas le Ciarán ar shaothar Uí Ríordáin a foilsíodh in *INNTI* fadó. Tuigtear dom féin go bhfuil filíocht Uí Dhireáin lán de mhaoithneachas; agus go bhfuil filíocht Uí Ríordáin lán de mhaoithneachas agus de thruaínteacht. Is é mo thuairim go raibh an ceart ag Máire Mhac an tSaoi cuid mhaith maidir le filíocht Uí Ríordáin de. Ach is amhlaidh a dhíol Seán Ó Ríordáin an comhar le Máire Mhac an tSaoi le lochtanna a fháil ar a cuidse Gaeilge. Tá a fhios agam gur chuir Pádraig Ua Maoileoin liosta de na lochtanna a fuair sé féin ar an nGaeilge i bhfilíocht Mháire go dtí Seán Ó Ríordáin; agus ráineodh go bhfuair Ó Ríordáin snámh géillín ó Shéamus Caomhánach maidir leis an liostú sin chomh maith. B'fhearr i bhfad le Pádraig prós Uí Ríordáin ná a chuid filíochta.

Dánta as an gCnuasach seo

Ní féidir a rá i dtaobh fhilíocht Chiaráin Uí Choigligh nach mbíonn d'ábhar aige ach 'múisiam beag bhuidéilín an phoiticéara'. Thaitneodh a chuid filíochta le Máirtín Ó Cadhain *Chré na Cille* gan aon agó. Tá idir shaorvéarsaíocht agus fhilíocht i meadarachtaí aiceanta scríofa aige, agus sna meadarachtaí siollacha chomh maith, cé nach bhfuil ach dán amháin i meadaracht shiollach sa chnuasach seo, 'Anamchara'. Ní mar a chéile mar sin é agus formhór fhilí na Gaeilge sa lá atá inniu ann. Faighimse féin blas Phádraig Acaeid ar fhilíocht Chiaráin sna meadarachtaí aiceanta. Is léir ar dhánta áirithe gur tháinig sé faoi anáil Mháirtín Uí Dhireáin. Aon duine a bhfuil na *Burdúin Bheaga* atá in eagar ag Tomás Ó Rathile léite acu, aithneoidh siad stíl an bhurdúin ar na rainn as *Cín Lae 1994* a thugtar sa chnuasach seo. Deir Ciarán féin liom gur tháinig sé faoi anáil *na Coiméide Diaga* ag Dainté.

Is dán é 'An Eitilt Dheireanach' [lch 24] as an gcnuasach *Doineann agus Uair Bhreá* ina gcíorann Ciarán a mheon aigne féin le linn dó a bheith ag iarraidh é féin a fhuascailt ón ól agus ó na drugaí eile, agus ón drochamhras a bhíodh ar a lán daoine an uair úd aige. Na línte seo, cuir i gcás:

Cuimhnigh gur chás
an cás ba lú.
Cuimhnigh gur chuimhnigh
ar cuimhníodh cheana
ach ba ghéire, ba shoiléire,
ba mhó, ba mheasa,
b'fhaití ná riamh.

Bhí Seán Ó Ríordáin File ag fulaingt leis an eitinn ar feadh na mblianta. Is cuimhin liom síciatraí a rá go bhfuil an-chosúlacht ag comharthaí sóirt na heitinne i gcúrsaí síceolaíochta le comharthaí sóirt na scitsifréine. Arsa an Ríordánach:

Is eagal liom tréigean datha
is eagal liom brí
Is bás, dar liom fós, freagairt,
Is beatha fiafraí,
Ragham amú tamall eile
Is chífeam an tír.

['Guí', *Brosna* (1964): Seán Ó Coileáin,
Seán Ó Ríordáin Na Dánta (2011) 130]

Caoineadh is ea 'Ardfhear' [lch 30] ar an Dr Caoimhín Mac Con Mara, fear a bhí ina Ard-Easpag ar Ard-Deoise Bhaile Átha Cliath [1984-1987]. Bhí an Dr Mac Con Mara ag fulaingt le hailse le linn dó a bheith ina Ard-Easpag. Liobrálaí ba ea é a d'iompaigh ina choimeádach, agus cuireadh ina leith ó shin go raibh sé dleathaíoch i gcúrsaí cásanna drochíde collaí a thuairisciú. Ar a shon sin is uile, ba é an tArd-Easpag ba mhisniúla ar Bhaile Átha Cliath le mo chuimhnese é. Fear íseal uasal ba ea é, agus thug na sluaite turas ar Shéipéal Choláiste Chluain Life, agus a chorp faoi chlár ann.

Tá sé sa seanchas gur ar dhroim na mara móire a saolaíodh an chéad duine ar tugadh an cine 'Mac Con Mara' air. Tá beirthe ag Ciarán ar an Dr Mac Con Mara, idir ghinealach agus chineáltas, sna línte seo:

Mac Con Mara, a sheilg anmain
chlann na talún is chlann na mara
Gin is caoimhe is is íne
Caoimhín rogha na ndaoine.

Dán ar laige an duine agus ar an ngalar dubhach is ea 'A Íosa' {lch 33}. Chuirfeadh na focail 'nuair a chúngaíos/réim an lae' paidir le John Henry Cairdinéal Newman i gcuimhne do dhuine, ach gur ag tagairt dá bhás féin atá Newman:

A Daily Prayer

May He support us all the day long, till the shades lengthen and the evening comes, and the busy world is hushed, and the fever of life is over, and our work is done. Then in His mercy may He give us a safe lodging, and a holy rest and peace at the last.

Cuireann an dán 'Achainí' dán le Joseph Mary Plunkett i gcuimhne domsa, '*I See His Blood Upon the Rose*', ach go bhfuil Muire i gceist chomh maith le hÍosa Críost in 'Achainí'. Maidir leis an líne dheiridh de 'Achainí' de:

Braithim do bhua ar mo laige féin

meabhraíonn sí an méid a dúirt Naomh Pól leis seo:

8D'agair mé an Tiarna faoi thrí é a chur díom, 9ach is é a dúirt sé liom: "Is leor duit mo ghrásta, mar is tríd an laige a thagann an neart chun foirfeachta." Is móide is fonn liom dá bhrí sin a bheith ag maíomh as mo laigí le hionchas go luífeadh cumhacht Chríost orm. [2 Cor: 8-9]

Aon duine a rinne staidéar ar an nGaeilge ar an Ollscoil sa tríú trian den 20ú céad níorbh fholáir dó eolas cuibheasach maith a chur ar fhilíocht Mháirtín Uí Dhireáin, an file Gaeilge is mó lenár linn, dar le Ciarán. An dá rann seo a leanas, is rainn iad as dán le Ciarán 'Séipéal Mhuire gan Smál agus Eoin Baiste Inis Meáin' [lch 37]:

Santaím i gcónaí scafántacht chúthail fear

ag ceansú na gcloch garbh

is á múnlú ina bpaidir shíor.

Náirítear mé ag téisclim fhonnmhar ban
i mbun a ngnáthmhíorúilte ciúine
ag maisiú, ag cóiriú, ag soláthar.

Mura raibh filíocht Uí Dhireáin ag dul i gcion ar shamhlaíocht Chiaráin agus é ag scríobh na rann sin 'ní dhá lá go maidin é,' mar a déarfadh Gaeil Cho. na Gaillimhe, cuir i gcás na dánta 'Stoite', as *Dánta Eile*, agus 'Gleic mo Dhaoine', as *Ó Mórna agus Dánta Eile* (1957) [Eoghan Ó hAnluain *Máirtín Ó Direáin Na Dánta* (2010) 70, agus 91, faoi seach].

Is mór ag Ciarán foirm an bhurdúin, agus na meadarachtaí aiceanta. Tá blas fhilíocht Phádraig Acaeid ar na trí rann seo a leanas ag Ciarán as *Cín Lae 1994* [lch 48]:

16 Eanáir
Scairteann grian gheimhridh i ngléine chrua seaca caoine
is sonann séipéal is teampall — cuireadh buan
    do dhaoine.
Is in ainneoin scannal scoilte cruinníonn lucht na hAoine
go dtairgeann adhradh is dílseacht bhuan do Rí na míne.

16 Feabhra
Luaith na críche deireanaí brandáilte ar m'éadan
    muiníneach inniu
i gcruthúnas nach í cré an bháis is cás liom
    ach Cré nach dubh.
Carghas ar obair is sileann am trí chriathar cráite lae
    gan guth.
Maolaítear ar dhúthracht shinseartha is fágtar an creat
    gan puth.

9 Nollaig

Tuirsím den luail róshíor go gcleachtaim scíth
   is santaím codladh
is cóirím téacs ciotach an lae le neart na dúthrachta
   is na tola.
Labhraíodh cara ar chúrán naofachta is féach go santaím
   a bholadh
ó sciúradh díom le cleacht na mblianta aindiachas
   as cuisle fola.

Lúthchleasaí is ea Ciarán Ó Coigligh, mar ba ea an laoch mór aige, Karol Wojtyła, an Pápa Eoin Pól II. Bhíodh Karol Wojtyła, ag sciáil, ag cadhcáil, ag imirt sacair, agus ag snámh. Is reathaithe iad Ciarán agus a bhean Máirín, agus bhíodh an bheirt acu ag gabháil do na soiteanna blianta ó shin, mar a bhínn féin. Bhain Naomh Pól féin leas as meafar an reathaí agus é ag trácht ar dhílseacht don Chreideamh:

Tá an comhrac maith tugtha agam, tá mo rás rite, tá an creideamh coinnithe agam. [2 Tiomóid 4:7]

Ní ábhar iontais é mar sin go scríobhfadh Ciarán dán ar chlub aclaíochta, 'Club Aclaíochta na Seamróige, Ráth Eanaigh' [lch 69].

Ní miste a mheabhrú nach ndéanann an Creideamh Caitliceach idirdhealú ar na suáilcí gníomhacha agus na suáilcí neamhghníomhacha, rud a mhínigh an Pápa Leon XIII san Imlitir, *Testem Benevolentiae Nostrae* (1899). Dá réir sin na suáilcí daonna a dhéanann reathaí maith de dhuine, tagann siad faoi chumhacht na ngrást chomh maith. Arsa Ciarán:

gur tabhairt go bunúsach is ea an bheannaíocht,
an fód a sheasamh in ainneoin an tsaoil,

daoine eile a shaighdeadh chun iarrachta ab fhearr
    ná aisling,
féinmheas, féinmhuinín, gnaíúlacht a chothú,
gaiscígh dhrogallacha a mhealladh chun iarrachta
    níos fearr,
fainicí a chur ar lucht an dóchais rómhóir
in aghaidh ró-iarrachta amaidí.

Rinne Ádhamh agus Éabha feall ar Dhia, dar ndóigh, agus rinne Iúdás Isceiriót feall ar Ár dTiarna, Íosa Críost. Sinne na Caitlicigh, ní chreidimid, mar a chreideann cuid de na Protastúnaigh Bhunchreidmheacha gur beart aon uaire ar an saol seo is ea slánú duine, agus gur rud é nach féidir diúltú dó. Ainneoin na mblianta a chaith Iúdás Isceiriót i dteannta Íosa Críost, rinne Iúdás Íosa Críost a bhrath. Ach tháinig athrú aigne ar Iúdás, agus shíl an t-airgead fola a thabhairt ar ais. Nuair nach dtógfaí ar ais uaidh é, thit sé i bpeaca an éadóchais agus chroch sé é féin. Is féidir dúinn go léir a bheith inár nIúdáis. Mar seo a deir Ciarán:

Céadaoin an Bhraith
Is mé Iúdás Isceiriót os íseal, is braithim cara
    is coimhthíoch
le tréas an fhocail chaoil in áit an mholta chóir.
Gaireann coiligh as éadan i gcaisín ciúin mo chroí
is seolaim síoraí go ciontach ciotach cásmhar chun
    bóthair,

                    'Iób Ó Rudaí', "Céadaoin an Bhraith" [lch 73]

Is í San Treasa le hÍosa {1515-1582} banphátrún na scríbhneoirí Caitliceacha. Scríobh San Treasa filíocht. Is cóir dúinn go léir ó uair go chéile ár suaimhneas a cheapadh, ríf a chur sa seol. Tá gá againn leis sin ó thaobh anama is colainne de. De réir dealraimh, tá gá leis ó thaobh na filíochta chomh maith de. Is é rud é an fhilíocht, dar le William Wordsworth [1770-1850] *emotion recollected in tranquility*. Ní miste clabhsúr a chur ar an Iarfhocal seo leis an dán gearr seo a leanas le San Treasa le hÍosa:

Nada te turbe, nada te espante.
Todo se pasa. Dios no se muda.
La paciencia todo lo alcanza.
Quien a Dios tiene, nada le falta.
Sólo Dios basta.

Ná cuireadh aon ní isteach ort, ná scanraíodh aon ní tú.
Téann gach uile rud as. Ní thagann athrú ar Dhia.
Sroicheann an fhoighne gach uile rud.
An té a bhfuil Dia aige, níl aon ní in easnamh air.
Dia leis féin is leor.